五輪カルテル

上杉 隆

扶桑社

プロローグ

２００９年10月、デンマーク・コペンハーゲン――。

カストラップ国際空港から飛び立ったＡＮＡのチャーター機は、水平飛行に入ってもなお機内の重苦しい空気を変えることはなかった。

わずか３日前、東京五輪招致委員会の面々が羽田空港を発った時は違っていた。応援ツアー団長の松木安太郎（元サッカー日本代表。元ヴェルディ川崎監督）の底抜けに明るい声が機内に響き、就任直後の鳩山由紀夫総理のＩＯＣ（国際オリンピック委員会）総会参加の約束を取りつけたばかりの石原慎太郎東京都知事の機嫌も悪くはなかった。

だが、今は違う。６年越しの招致活動の失敗を目の当たりにして、誰もが意気消沈している。もちろん、東京五輪の招致をブチ上げた石原も例外ではなかった。

２００９年9月、東京——。

激動の秋であった。15年ぶりに政権交代が実現し、自民党が下野。鳩山由紀夫民主党政権が誕生する。大相撲秋場所ではモンゴル勢の台頭が著しく、朝青龍と白鵬の両横綱が争う賜杯の行方は優勝決定戦までもつれ、千秋楽を大いに盛り上げた。

熱戦の舞台となった両国国技館の桟敷席には、石原の命を受けた猪瀬直樹副知事の姿があった。団塊世代嫌い、リベラル嫌いを公言する石原が、猪瀬という密使を遣ってまで鳩山に求めたのが、現職の総理としてＩＯＣ総会に参加することだった。

ライバル都市のシカゴ（米国）は、同市出身でこの年の1月に大統領に就任したばかりのオバマを派遣する意向を示していた。リオデジャネイロ（ブラジル）はルーラ大統領と「サッカーの神様」・ペレを派遣し、マドリード（スペイン）は王室からフェリペ皇太子の派遣を決めていた。五輪招致を争うライバル都市が総力を挙げてコペンハーゲンで行われる開催都市の選考に向かうなか、何としても東京も本気度を見せつけなければならない。そのためには、皇室と総理大臣級の総会参加は不可欠だ。だが、石原には鳩山とのパイプがなかった。

「おい、頼むよ。東京のためなんだよ。オリンピック招致が日本を救う最後のチャンスなんだよ。なんとか鳩山に頼んでくれないか？」

その日、両国国技館で大相撲を観戦する鳩山総理の隣の升席に、極秘裏に猪瀬を送ることに成功したのは、ある人物による総理日程のアレンジがあったからだ。

その人物にとっては、職業倫理上の規範を冒してまで東京オリンピックに賭ける理由も、石原の依頼に応じるメリットもなかった。都知事からの〝陳情〟は聞き流されていた。

しかし、石原の執念は凄まじく、東京五輪を実現するためにはすべてを投げ打つ覚悟を見せた。招致が決まれば引退も厭わないと語るほど、五輪の東京開催を夢見ていた。大相撲秋場所が始まる前の9月初旬、側近の高井英樹都知事特別秘書を伴った石原は、その人物に深々と頭を下げて懇願したのだ。

「頼む。鳩山の日程を取ってきてくれないか？」

鳩山家に仕えたこともあるその人物は、石原都政をもっとも長く取材しているジャーナリストの一人、そう、実は筆者である私、上杉隆だった。石原の執念に折れた筆者は、猪瀬にはソースが自分であることを明かさないよう釘を刺したうえで、石原に鳩山総理のスケジュールの詳細を伝えた。


2023年4月、東京――。

東京五輪を巡り多くの逮捕者を出した未曾有の汚職事件で、初となる判決が下される。五輪組織委元理事の高橋治之に対する贈賄罪に問われた紳士服大手・ＡＯＫＩホールディングスの青木拡憲前会長に、東京地裁は懲役２年６月、執行猶予４年の有罪判決を言い渡した。

続いて５月には、贈収賄「高橋ルート」で２件目の判決が下る。大手広告会社・ＡＤＫホールディングスの元専務が、懲役１年６月、執行猶予３年の有罪判決を受けたのだ。６月には、ぬいぐるみ製造販売会社サン・アローの元社長、出版大手・ＫＡＤＯＫＡＷＡの元室長にも有罪判決が出ている。

一大国家プロジェクトの開催に乗じて莫大な利権に群がり、世界最大のスポーツの祭典を汚した魑魅魍魎――彼らが徒党を組んだ「五輪カルテル」には、これからも次々と司法の裁きが下ることだろう。

再び、２００９年10月、デンマーク・コペンハーゲン――。

「おい。もっと優しくしてくれよ」

コペンハーゲンのＩＯＣメディアセンター内に設けられたＩＯＣ総会の共同記者会見場。東京落選という悲しい現実を背負った都知事は会見冒頭の筆者の質問にこう返していた。

これまでも人懐っこい笑顔でうまく質問を回避するのは石原の常套手段だった。とはいえ、筆者の質問は、東京への招致実現をこの直前まで夢見ていた石原の表情を曇らせるに十分の厳しいものだったのかもしれない。

この2年前の2007年、都知事選で3選を決めたばかりの記者会見で、石原は筆者から次のような質問をぶつけられていた。

「今回、知事はオリンピック招致を公約に掲げて立候補しましたが、仮に招致に失敗した場合はどのように責任を取るのでしょうか?」

当選直後で高揚していたこともあるのだろう、石原ははっきりとこう答えていた。

「そりゃ、男らしく責任は取りますよ」

筆者はコペンハーゲンで3年越しの伏線回収を狙った。50万円の往復交通費を負担し、同行取材のチャーター機に乗り込んだのもそのためだ。東京の五輪招致失敗は想定済みだった。誰の目にもひどく落ち込んでいる石原に辞任を迫ったのだ。

「責任の取り方については、これから考えますよ」

日本への帰国便が出発する前のカストラップ国際空港のラウンジで、石原は筆者に声をかけると、五輪に抱いていた熱い思いを語り始める。自然環境に配慮したコンパクトな五輪、成熟した都市をさらに成熟させるための五輪、東京という一自治体に規定されない巨視的な五輪……。

そして、こう続けた。

「もう一度東京でオリンピックを開催し、日本中の子供たちにあの光景を見せてやりたいんだよ」

何度、同じ話を聞いたことだろう。だが、その日の筆者は素直に石原の言葉に耳を傾けることができた。石原の瞳には涙が浮かんでいた。大いに夢を語った後、石原は我に返ったのか、にやっと笑いながらこう語った。

「おい、あの質問はないだろう、上杉君。責任を取るっていうのは辞めることだけではなくて、やり続けることもまた責任なんだよ。東京はいつまで老兵に仕事をさせるつもりなんだよ」

シートベルトの着用サインが消えた。機内アナウンスの音声スイッチが入る音がスピーカーから響く。機長自らによる飛行ルートのアナウンスが終わると、マイクの声が変わった。

「みなさん、石原です。本当に申し訳ない。すべて私の責任、不徳の致すところです。ただ、今回は敗れたが、ＩＯＣの体質も招致活動もわかった。夢の途中、やはり東京で五輪をやろうじゃないか。また、みなさんの力を貸してください。ありがとう」

アナウンスの終了と同時に、石原が客室通路に姿を現した。そして、涙が溢れるのを隠そうともせず、250名余りの搭乗者たちと握手して回った。


2013年9月、アルゼンチン・ブエノスアイレス――。

マドリード（スペイン）、イスタンブール（トルコ）、そして、東京の3都市で熾烈な招致レースが繰り広げられたIOC総会、2020年五輪の開催地が決定する瞬間に世界の注目が集まっていた。

「トーキョー」

ジャック・ロゲIOC会長が東京の勝利を告げると、五輪招致委員会の面々は喜びを爆発させた。

2004年に五輪招致を表明して以降、石原が繰り返し語り続けた2度目の東京五輪開催の夢がついに実現したのだ。インタビュー中の高揚した表情の石原がテレビ画面に映しだされる。

「森（喜朗）君はよくやってくれましたよ。大変だったと思いますね。引き継いでくれた猪瀬（直樹）君にも感謝です。（安倍）晋三総理にも苦労をかけました。もちろん東京都、招致委員会、ＪＯＣ（日本オリンピック委員会）などの職員も努力してくれました。オールニッポン、みんなの力で乗り越えて招致に成功したんです。実際に、東京五輪が開かれればきっとわかるよ。みんな『やってよかった』となるんじゃないかな」

２０１４年7月、東京――。

「東京五輪の招致成功の祝勝会を2人でやろう」

体調を崩しながらも広尾のイタリアンレストラン「小さな台所ひらた」に現れた石原は、その日、五輪についてしんみりと語ったものだった。

「閉会式だけはその場で観たいね。ほかはテレビで観るよ。整然とした開会式と違って、閉会式は美しいんだよ。選手たちが入り交り、肩を組みながら行進している姿より美しいものはないね。選手同士が互いに4年後の再会を願って別れていく。何より美しいと思わないか？　聖火は消えずただ移り行くのみ、私の仕事はそれで終わりですな」

石原は切望の末に開催された東京五輪をどう見たのだろうか。２０２２年2月、五輪閉幕から1年も経たないうちに石原は逝った。果たしてその直後から、五輪汚職の捜査が始まる。

東京五輪の後、石原の言葉は極端に少なくなった。叶ったはずの長年の夢の実現に、満足することはなかったのか。石原にとっての救いは、東京五輪の莫大な利権に群がった「五輪カルテル」への東京地検特捜部による捜査が彼の死後に始まったことだ。積日の夢を汚されたことを石原は知るよしもない

謝辞——。

捜査中という取材に応じるのが困難な時期にもかかわらず、インタビューを受けていただいた公共心溢れるすべての方々、また、匿名ながらもリスクを冒しながら情報提供していただいた関係者の方々にこの場を借りて御礼申し上げます。

実は、拙著『悪いのは誰だ！新国立競技場』の執筆に際して、『週刊ＳＰＡ！』（いずれも扶桑社）で五輪問題の取材を始めたときから10年以上にわたって取材やデータ整理など、不断に献身的なサポートを続けてくれた齊藤武宏さんなしにはこの本は世に出ませんでした。この場を借りて感謝申し上げます。また、的確な編集方針を示し続けてくれた山崎元さんにも感謝申し上げます。本書が、日本のスポーツビジネスの在り方を問う健全なジャーナリズムの一助になれば幸いです。

上杉 隆

取材スタッフ／齊藤武宏　山本和幸
編集／山崎 元
ブックデザイン／小田光美（オフィスメイプル）
カバー写真／共同通信社

五輪カルテル

目次

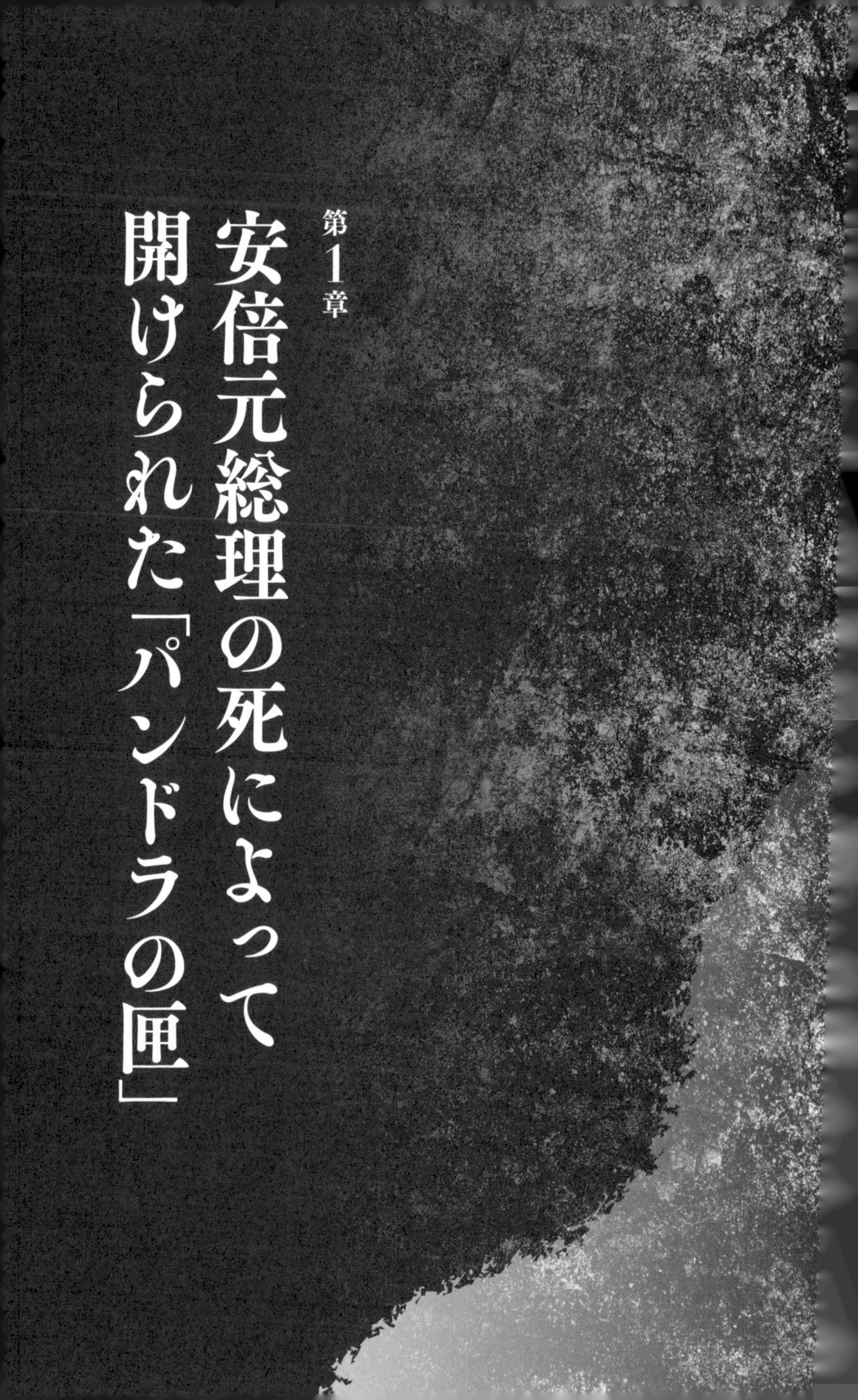

第1章

安倍元総理の死によって開けられた「パンドラの匣」

安倍元総理の死

存在の大きさは、失って初めて気づかされることが多い。あまりに大きな存在は、存在していること自体が当然と捉えられ、当人すらその大きさに無自覚になる。まさしく、安倍晋三という人物がそうだった。

通算の総理在任日数は3188日。2012年12月に発足した第2次政権以降の連続在任日数も2822日と、実に7年8か月に及ぶ。憲政史上最長の「一強」と呼ばれた内閣は、この国の権力機構を硬直させ、人事を固着させるに十分だった。

本人は意図せずとも、長期政権を託された最高権力者の周りには魑魅魍魎が群がるのだった。彼らが権力者を祭り上げることで求心力が働き、さらに強固な権威づけがなされていく。ただ、こうした取り巻きたちの熱狂は、安倍に対する崇敬の念から生じたものではない。彼らは、夜の闇に光を放つ街灯に蛾が誘われるように、総理の地位と権力に吸い寄せられたにすぎないからだ。

安倍晋三元総理は持って生まれた独特の感性で、そうした人々を惹きつけた。柔和な人柄で、自分の周囲に対してはどこまでも優しい。来る者拒まず、去る者追わず。祖父に「昭和の妖怪」と呼ばれた岸信介元総理、父に総理の椅子を目の前にして病死した「悲運のプリンス」・安倍晋太郎元外務大臣を持つ政界の名家に生まれた安倍には、その血統のよさから鋭利な刃物のような鋭さこそなかったものの、一方で多くの人々を惹きつける魅力を兼ね備えていた――。

2022年7月8日、その灯は一瞬にして消え、多くの蛾たちが行き場を失う。四方八方に飛び散り、別の灯を探して彷徨う者、自ら光り新たな灯にならんと企てる者……安倍が銃弾に斃れた直後から、さまざまな思惑が錯綜した。いや、突如、カオス（混沌）が出現したと言っていいだろう。

だが、彼が放った眩《まばゆ》い輝きに敵う灯など存在しない。自らの周囲を重用し「お友だち内閣」などと揶揄されながらも、強固な体制を築いてきた「アベ政治」というコミュニティーが崩壊に向かうのは必然だった。盤石と見られていた利権構造は音を立てて瓦解し始め、党も派閥も急速に力を失っていった。

なかでも混乱を極めたのが、東京五輪の巨大利権という甘美な蜜と強烈な光に群がった蛾たちだった。2016年、リオデジャネイロ五輪の閉会式、2020年に控えた東京五輪のカウントダウンが始まると、日本から地球の裏側のブラジルまで通じるトンネルから、

「スーパーマリオ」に扮した安倍が颯爽と登場した。親しみとユーモア、そして何より絶大な政治権力を併せ持つスーパーマリオを失った者たちは、自らの身に迫る危機をすぐに実感することになる。

２０２２年の年明けから秘かに進められていた五輪汚職の捜査が一気に加速したのは、安倍という巨大な重石が取り除かれてすぐのことだった。官邸や党、霞ヶ関はもちろん、これまで安倍を利用することで維持されてきた利権構造そのものに、初夏の眩い日差しが照りつけ、東京地検特捜部の捜査の光が闇に蠢く蛾たちを照射した。「パンドラの匣《はこ》」が開いたのだ。汚職に塗れた暗闇が、一転して陽光の下に晒されることになる。巨大利権という闇に長きにわたり蓋をしていた安倍という重石は、本人の自覚のないまま取り除かれた。長き眠りについていた検察が、ようやく動き始めたのだ。

「上杉さん、検察の動き、何か入ってませんか？」

東京五輪汚職が火を噴く少し前の２０２２年７月初旬、居を構える清涼の八ヶ岳から猛暑と喧噪の東京に下りてきた筆者は、久しぶりにある人物と向き合っていた。東京に55年ぶり、二度目となるオリンピックを招致した立役者の一人でもあるこの人物とは、筆者が故・鳩山邦夫（文部大臣、労働大臣、法務大臣、総務大臣などの要職を歴任）の議員秘書を務めていた頃からの付き合いになる。

この日の話題は、安倍晋三元総理だ。

2022年7月8日、参院選の終盤で自民党候補に応援で奈良県に入った安倍元総理は、近鉄大和西大寺駅前で演説中、凶弾に倒れる。統一教会（現・世界平和統一家庭連合）に人生を壊され、尋常ならざる恨みを募らせた男が、教団と関係の深い安倍を自作の銃で殺害したのだ。

総理経験者の暗殺という前代未聞の出来事に日本中が騒然とするなか、面会したこの人物と筆者は、経緯や関係性こそ違うものの安倍と接点を持っていた。

彼はこう続けた。

「実はね、先月来、2回呼ばれてね」

安倍の暗殺は、誰もが想像すらしなかった方向へ波紋を広げていくことになる。史上最長の8年8か月に及ぶ第2次安倍政権で、総理が無自覚に抑え込んでいた重石がなくなり、この国の利権構造の蓋がぽっかりと開いたのだ。権力の重石が取り除かれた影響は、思わぬところに現れることがよくある。長らく政治の世界に身を置いた者たちにとっては、よく知った永田町の常識だ。

「検察の様子がおかしい。何を狙っているのだろうか？」

筆者が面会したこの人物だけではない。ほかにも検察の事情聴取を受けたという話がちらほら耳に入ってくる。検察内部で何かが起きているのは明らかだった。

安倍元総理の非業の死によって取り去られた「重石」とは何か。

凶行の1週間ほど前、6月末に発表された検察庁の人事は、この国の権力内部で近々地殻変動が起こるであろうことを強く示唆していた。検事総長に甲斐行夫、東京高検検事長に落合義和が就任すると、2月の市川宏東京地検特捜部長の就任と相俟って、黒川弘務元東京高検検事長が長らく権勢を振るってきた「黒川体制」の終焉と、今後の検察刷新に注目が集まっていた。

なかでも、森本宏の次席検事就任は大きな衝撃をもたらすことになる。特捜部長時代、忖度のない森本の捜査方針は、検察内部の人間とさえ軋轢を生んでいたからだ。安倍政権下で官邸官僚たちは森本を恐れ、毛嫌いし、検察上層部の眉をひそめさせたが、特に黒川にとって、森本は存在の許されざる要注意人物だったのだからなおさらだろう。

官邸の守護神

黒川弘務――。

「官邸の守護神」と呼ばれたこの人物の名が、大きく取り沙汰されたのは2020年の検察庁法改正問題が持ち上がったときのことだった。

検察庁法は、検察官の定年を63歳、検事総長を65歳と規定している。稲田伸夫検事総長から後継と目されていた林真琴名古屋高検検事長へその座は禅譲されるはずだった。

検察庁の決めた人事案が尊重されてきたのには、明確な理由がある。検察は行政府に属しながら、かつて総理を辞したばかりの田中角栄に司直のメスが及んだロッキード事件のように、総理経験者でさえ逮捕・起訴する司法権を行使できる。そのため、政治的独立と中立が強く求められることから、検察官の身分や定年は国家公務員法ではなく、別途、検察庁法で定められている。だからこそ、戦後の日本では内閣が任命権を持ちながらも、検察が独自に決めた人事案を尊重する慣例が続いてきたのだ。だが、検察庁法を改正すれば、政治家の疑惑を追及するような検察官の定年を延長しない懲罰人事が可能となり、逆に、疑惑に塗れた政治家を意図的に捜査しなかったり、不起訴にした検察官の定年延長を認める褒賞的な人事もできるようになる。

第2次安倍政権が検察庁法の改正を目論んだのは、これまで政権の不祥事をことごとく握り潰してきた黒川東京高検検事長、その人のためだったと言っていい。アベ政治の功労者である黒川を検事総長に据えようとしたものの、稲田検事総長は首を縦に振らず、政権は次善の策として、黒川が63歳の定年を迎える前に検察官の定年延長を目論み、異例の閣議決定までして半年間の定年延長を断行し、法改正に突き進むよう画策したのだ。

ところが、検察に対する政権の恣意的介入を許すこの企てに対して、Ｔｗｉｔｔｅｒでハッシュタグ「＃検察庁法改正案に抗議します」が広く拡散するなど、多くの国民が反対の声を上げ始めた。さらに、きゃりーぱみゅぱみゅや小泉今日子、井浦新、浅野忠信、秋元才加ら多くの芸能人もこれに加わり、一連の抗議は国民運動の様相を呈するほどの盛り上がりを見せていく。いかに黒川が大事でも、一官僚の人事で政権運営に支障をきたすわけにはいかない。安倍政権が同法案の国会採決の見送りを決めたのは当然の帰結だった。

振り返れば、安倍政権下で「政治とカネ」の問題などの不祥事が発覚するたびに、黒川の陰がちらついていた。

２０１６年、甘利明経済再生担当大臣の公設秘書が建設業者から口利きの見返りに現金を受け取りながら、政治資金収支報告書に記載せず、収賄疑惑が報じられると甘利は辞任に追い込まれた。だが、問題はその後だ。甘利と秘書はあっせん利得処罰法違反容疑で東京地検特捜部に刑事告発されながら、なぜか不起訴に終わっている。

また、2017年に火を噴いた森友学園問題でも黒川の暗躍が噂されていた。財務省近畿財務局が学校法人森友学園に小学校の建設用地として払い下げた大阪府豊中市内の国有地の売却額が、近隣国有地の10分の1という不当に安い値段で売り渡されていたことが明らかになり、疑惑は深まっていく。開設予定の小学校の名誉校長に安倍昭恵総理夫人が就任していたことから、売却価格の決定過程や総理夫妻の関与などを巡って一大スキャンダルに発展。それればかりか、財務省が森友学園に関連する決裁文書を改ざんし、近畿財務局に対して森友学園との応接録の廃棄を指示していたことが発覚した。

ところが、2018年5月、大阪地検特捜部は虚偽公文書作成などの疑いで刑事告発されていた佐川宣寿前理財局長に加え、国有地を8億円も不当に値引きして払い下げ、背任の容疑で告発されていた近畿財務局の担当者の不起訴までを決めてしまった。この決定によって、告発されていた財務省幹部や近畿財務局職員の38人全員が不起訴処分となった。

一方、逮捕されたのは、森友学園問題が拡大するなか、途中から政権の意向に逆らって「反アベ」に転じた学校法人側の籠池泰典・諄子夫妻のみであった。この逮捕劇にも黒川の関与が疑われている。

　こうした〝実績〟があるだけに、安倍政権が黒川東京高検検事長を重用したのは想像に難くない。

　2019年、再び安倍政権をスキャンダルが襲う。同年4月に安倍総理が主催した「桜を見る会」にかかる費用が、当初予算の概算要求で当初の3倍となる約5518万円に達し、安倍に近い支援者や関係者ばかりが優先的に招待され、後援会関係者に公費で酒食が供されたことが報道されると、「政治の私物化」として厳しい批判に晒された。

　安倍政権が黒川を検察ナンバー1の検事総長に就かせようとしたのは、森友学園問題と加計学園問題で直面した窮地を乗り切ることができた論功行賞と見られた。そこに桜を見る会問題という新たな疑惑が持ち上がったため、安倍は黒川を定年退官させて手離すわけにいかなくなる。多くの政権不祥事を握り潰してきた黒川は、新たなスキャンダルが起きたときに追及を避けるための「保険」になる。また、検察上層部に「官邸の守護神」が存在することで捜査現場に圧力がかかるうえ、官邸は検察の動きや思惑を察知することも可能となる。安倍政権にとって、黒川が余人をもって替え難い人材だったのは間違いないだろう。

「君側の奸」が引き起こしたスキャンダル

　１９５７年、東京に生まれた黒川弘務は早稲田高校、東京大学法学部を経て、１９８３年に法務省に入省する。「花の35期」と呼ばれた司法修習35期生で、同期には検事総長の座を争った林真琴名古屋高検検事長、特捜部の副部長を務め、のちに自民党から出馬し衆議院議員に転身した若狭勝弁護士、テレビのコメンテーターとしても活躍する改革派の法曹である郷原信郎弁護士、さらに、東京地検特捜部長を務め、「35期のエース」と呼ばれた佐久間達哉弁護士など、キラ星の如くタレントが揃う。

　ただ、黒川が検事総長の有力候補だったという見方については過大評価だとして、懐疑的な声も根強い。

　１９９７年に野村、大和、日興、山一の大手証券会社が、長年にわたり有力顧客が被った損失を不正な手口で補填していた「4大証券利益供与事件」が発覚すると、黒川も東京地検特捜部のメンバーとして捜査に加わった。だが、芳しい成果を挙げることができず、捜査現場を離れて法務官僚の道を進むことになる。

　ところが、２００８年に大臣官房審議官に就任すると、黒川は特異な才能を発揮して地歩を固めていく。政治家の扱いが非常に巧みな黒川は、歴代の法務大臣の信頼を次々と勝ち取り、自民党内では「猛獣使い」などと呼ばれていたという。

２００９年、民主党に政権交代した後もその信頼は揺るがず、２０１１年には官房長に就任。２０１２年に自民党が政権を奪還し、第２次安倍政権が発足すると黒川はさらに力を増していく。２０１６年に法務事務次官、そして２０１９年には東京高検検事長と出世の階段を上り詰めていった。

黒川が検察内部で影響力を増していくのに反比例するように、「巨悪は眠らせない」はずの特捜は鳴りを潜め、検察は再び眠りにつくことになる。かつて政治権力に司直のメスを入れ、暴走を食い止めた検察の姿はもはや過去の栄光となり、結果として政権に寄り添う組織に変質したのだ。とりわけ、安倍晋三が総理の座に返り咲くと、稀代の法務官僚となっていた黒川は「君側の奸」と化し、堂々と政権維持に汚れた手を貸すようになる。安倍政権では総理と菅義偉官房長官が強固な関係を構築しており、少なくとも検察本体が積極的に政治に関与することはなかったが、組織としてはアンフェアな政権運営が行われるのを拱手《きょうしゅ》傍観したばかりか、むしろスキャンダルをことごとく握り潰す「官邸の守護神」の自由を許したのは事実であった。

ところが、盤石と思われた黒川の法務官僚としてのキャリアは思わぬかたちで終わりを告げる。

２０２０年5月、新型コロナウイルスの感染が拡大するなかで、史上初となる緊急事態宣言が発出されていた。国民が「ステイホーム」「3密回避」などの行動自粛に努めるなか、黒川はかねてより昵懇の関係にあった産経新聞記者の自宅を訪れ、産経新聞の記者2人、朝日新聞の元検察担当記者1人と賭け麻雀に興じていたことが『週刊文春』（文藝春秋）のスクープで明らかになる。

報道を受けて与野党から批判が巻き起こるなか、黒川は法務省からの聞き取り調査に賭博の事実を認め、辞表を提出した。ただ、人事院の懲戒処分に関する指針では、「減給」や「戒告」処分になるところ、官邸の意向が働いたのか、標準的な処分より軽い「訓告」にとどまったのだ。この処分一つをとっても、黒川がいかに官邸から重用され、その影響力が大きかったかわかるだろう。

法務省内で、この黒川に一貫して対抗してきた人物がいる。森本宏である。第2次安倍政権発足時に東京地検検事の任にあった森本は「エース中のエース」という周囲の羨望と嫉妬が入り混じった評価を裏切ることなく、順調に出世の階段を上っていった。

東京地検特捜副部長に就任すると、猪瀬直樹東京都知事（当時）が関与した徳洲会事件などを担当した後、東京高等検察庁検事と東京地方検察庁の検事を兼務。その後、刑事局刑事課長、同総務課長、東京地検総務部長を歴任して、2017年9月に東京地検特捜部長に就任した。

就任会見で森本は「捜査手法は変化しているが、新しい時代に対応できるよう取り組んでいく」と意気込みを見せる。その言葉どおり、特捜部長としてリニア中央新幹線談合事件、スパコン助成金詐欺事件、文部科学省汚職事件、カルロス・ゴーン事件など矢継ぎ早に大型経済事案を手掛けると、2019年にはカジノを含む統合型リゾート（IR）汚職事件に絡み、国土交通副大臣も務めた秋本司衆議院議員を収賄容疑で逮捕する。現職国会議員の逮捕は、2010年の陸山会事件における石川知裕衆議院議員以来10年ぶり。特捜にとっても久しぶりの「バッジ」（国会議員）の検挙となった。森本の勢いはさらに増していく。2020年、前年の参議院選挙で自民党から支給された1億5000万円を地方の首長や議員にバラ撒いたとして、公職選挙法違反で安倍側近の河井克行衆議院議員と、妻である河井案里参議院議員の逮捕に踏み切ったのだ。

河井夫妻の逮捕劇は、安倍官邸、特に黒川を震撼させるに十分なインパクトをもたらした。安倍政権の守護神が黒川だとすれば、最大の敵は検察機構の身内にあった。まさしく、それが森本だったのだ。とはいえ、黒川が法務省を去った後も、その絶大な影響力はシンパの法務官僚を中心に赤レンガの庁舎に残り続け、検察は依然として長い眠りから目覚めたとは言い難かった。

　筆者がかつてのソースから、検察内に不穏な動きあるとの情報を得たのはこの頃だ。一方で、眠れる検察が数百億円規模に及ぶ五輪の巨大利権に手を突っ込んでいくとは思えなかったのも正直なところだ。安倍元総理が亡くなったとはいえ、検察が五輪汚職という戦後最大級の疑獄事件の捜査に着手すれば、「政・官・財」、さらに「報」（報道機関）まで巻き込んだ日本の腐敗構造＝「五輪カルテル」に触れないわけにはいかない。いくら特捜といえども、あまりにリスキーなうえハードルが高すぎる。

　きっといつものように東京五輪疑惑はうやむやになるだろう――。政治家や記者、そして五輪関係者の誰もがそう考えていた。筆者もそんな一人だった。だが、推測は見事に裏切られることになる。

長い眠りから覚めた検察

〈五輪組織委元理事、大会スポンサーＡＯＫＩから４５００万円受領か　東京地検捜査〉

東京五輪の招致に多大な貢献をした人物と筆者が面会した直後の7月20日、読売新聞が朝刊一面トップで弩級のスクープを放った。組織委元理事の名を実名で明かすなど、記事の書きっぷりから読売が取材に相当な自信を持っていることが窺える。

〈東京五輪・パラリンピック大会組織委員会の高橋治之元理事（78）が2017年秋以降、自身が代表を務める会社と大会スポンサーだった紳士服大手「AOKIホールディングス」（横浜市）側の間でコンサル契約を結び、AOKI側から4500万円超を受け取っていた疑いがあることが関係者の話でわかった。理事は「みなし公務員」で職務に関する金品の受領を禁じられている。東京地検特捜部も同様の事実を把握し、コンサルは実態に乏しく、高橋氏への資金提供だった疑いがあるとみて慎重に捜査している〉

読売朝刊を読んだ関係者たちから電話が入る。

「頂点《てっぺん》いくのか!?」

電話口で誰もが興奮気味にこう口を揃えた。

「頂点」とは言うまでもなく、東京五輪汚職疑惑の中心人物であり、五輪組織委の会長として大会運営を意のままにしてきた〝スポーツ界の首領〟森喜朗元総理のことである。AOKIホールディングスから賄賂を受けた疑いが持たれる高橋治之元五輪組織委理事は、森とは長らく昵懇の間柄で組織委を事実上牛耳ってきた。その高橋の名が重要な捜査対象として挙がったということは、捜査がいずれ組織委のトップに君臨した森に及ぶのでは？と考えるのはごく自然なことだった。

検察のリーク情報に関して、読売新聞の記事は正確であるという評価が根づいている。一面トップでのスクープともなればなおさらだ。以前から永田町では「捜査情報に関する記事は読売の記者が書くのではなく、検察が書いている」という言葉もあるほどだ。

検察に2回任意で呼ばれたと話す東京五輪招致の立役者は、聴取内容を次のように教えてくれた。

「贈収賄だとしたら時効も近いし（贈賄は3年、収賄は5年）、安倍さんが亡くなって黒川検事長の影響力も低下したから、誰かが捕まって何らかの着地はするのだろう」

電通出身・元組織委理事の逮捕

実際、事態は聴取を受けたこの関係者の予言どおりに動いていく。

2022年8月17日、東京地検特捜部は、大手広告代理店電通の元専務で元組織委理事

のコンサルティング会社コモンズ代表・高橋治之を受託収賄容疑で、紳士服大手ＡＯＫＩホールディングス前会長の青木拡憲ら同社幹部３人を贈賄容疑で逮捕した。

検察の発表によれば、高橋元理事は青木前会長らから東京五輪・パラのスポンサー契約やライセンス商品の製造・販売契約の締結などで有利な扱いを受けたいという依頼を受け、２０１７年10月から２０２２年３月までの間、50回超にわたってＡＯＫＩ側から、自身が代表を務めるコモンズ社の口座に現金計５１００万円を入金させた疑いがあるという。

読売新聞が７月20日にスクープした内容と相違なく、この記事が戦後最大級となる汚職事件の捜査が動きだす号砲となった格好だ。高橋の逮捕を機に、特捜の捜査対象は拡大の一途を辿る。

９月６日、出版大手ＫＡＤＯＫＡＷＡの角川歴彦会長と同社幹部２人を、五輪の大会スポンサーに選定されるよう便宜を図る見返りに、高橋元理事に約７６００万円の賄賂を贈った容疑で逮捕し、高橋も受託収賄容疑で２度目の逮捕をされている。さらに、電通時代の高橋の後輩で、贈収賄の窓口になったと見られるコンサルティング会社コモンズ２の深見和政社長も逮捕。圧倒的な特捜の捜査に、関与したスポンサー企業が震え上がる。

高橋がＡＯＫＩやＫＡＤＯＫＡＷＡのほかにもスポンサー選定の過程に関与していた疑

五輪汚職事件を巡る主な動き

2011年	7月	2020年五輪招致を東京が正式表明
2013年	7月	広告大手・ADK ホールディングスが高橋治之元五輪組織委理事とコンサルティング契約を結び、送金を開始
	9月	東京五輪の開催決定
2014年	1月	東京五輪組織委が発足
	6月	高橋が組織委理事に就任
2017年	10月	紳士服大手・AOKI ホールディングスが高橋とコンサルティング契約を結び、送金を開始
2018年	10月	ぬいぐるみ企画・製造会社サンアローが高橋に資金提供を開始
2019年	1月	広告大手・大広が高橋に資金提供を開始
	7月	出版大手・KADOKAWA が高橋とコンサルティング契約を結び、送金を開始
	6月	高橋が五輪組織委理事に就任
2021年	7〜9月	東京五輪パラリンピック開催
2022年	7月26日	高橋元理事の自宅に東京地検特捜部が家宅捜索
	8月17日	AOKI ルートの受託収賄容疑で高橋を逮捕
	9月6日	KADOKAWA ルートで高橋を再逮捕
	27日	大広ルートで高橋を3回目の逮捕
	10月19日	ADK ルート、サン・アロールートで高橋を4回目の逮捕
	11月9日	ADK ルート、サン・アロールートで高橋を追起訴。特捜は全5ルートで起訴し、捜査は「ひと区切り」

いがあるとみて、関連先を含めて捜査は拡大する。KADOKAWA会長の逮捕に先立ち、9月5日に大手広告代理店・大広に家宅捜索に入ったのに続き、7日には駐車場運営大手のパーク24の捜索を実施。同社幹部から任意で事情を聴いたという。

9月27日には、大会スポンサーの募集業務を担う電通の販売協力代理店選定に絡んで大広に便宜を図り、見返りとして約1500万円の賄賂を受け取ったとして、高橋を3度目の逮捕、コモンズ2の深見社長も再逮捕された。また、大広の執行役員が贈賄容疑で逮捕され、この時点で検挙されたのは9人に上る。全員が大会スポンサーの選定を巡る贈収賄容疑での逮捕となったのである。

10月7日にも五輪本大会で駐車場運営などを手掛けたパーク24の本社に家宅捜索が入り、この時点で特捜が事情聴取した関係者はすでに3ケタを数える。事件がさらに拡大するのは間違いないと見られた。

五輪組織委員会の会長や理事は「みなし公務員」と規定されている。

「みなし公務員」とは、国家公務員法や地方公務員法に定められた公務員ではないが、公務に準ずる公益性、および公共性を持つ職務に従事する者を指す。公務員同様に刑法が適用され、当然、贈収賄の罪も適用が可能だ。

この「みなし公務員」規定を念頭に、2017年9月から顧問契約を交わしていたAO

KＩから、大会スポンサー選定で便宜を図った見返りに2億8000万円超のカネを受け取ったとみて、特捜は高橋の3度目の逮捕に踏み切ったのだ。KＡDOKAWAについても、組織委に対する働きかけの謝礼として高橋に約6900万円の資金が流れたとして、捜査を進めている。

高橋へのカネの流れが露わになっていくなか、9月1日、今度は産経新聞が独自スクープを放つ。AOKI前会長の青木拡憲容疑者が特捜による聴取に、がん治療中の森喜朗元組織委会長に「現金200万円を手渡した」と供述した、と報じたのだ。青木前会長は、高橋に森元総理との面会の場を設けるよう依頼し、その後、複数回にわたって会食などをしていた。その際、がんの治療を受けていた森元総理へのお見舞い金の名目で2回に分けて現金を直接手渡ししていたという。森元総理は産経新聞の取材に対して「（現金の受領は）一切ありません」と厳に否定したが、拡大を続ける五輪汚職の捜査で初めて疑惑の中心人物との線が繋がったのだ。

東京五輪のスポンサー企業は、IOC（国際オリンピック委員会）と契約しているワールドオリンピックパートナーを除くと3つの階層に分かれている。ここまで逮捕者を出した企業はすべて、五輪組織委が最後に設けたスポンサー枠で、協賛金が「数十億円程度」

と言われるオフィシャルサポーターを務めた企業トップの面々だった。

東京五輪のスポンサー企業には、大会の呼称やマーク類、映像の使用権や大会会場でのプロモーション活動などが認められている。

最上位のスポンサーは、IOCと契約する「ワールドワイドオリンピックパートナー」で、年間契約額は約25~30億円で、協賛金は数百億~1000億円規模。契約期間は10年で1業種につき1社と決められている。このため、トヨタ自動車やパナソニック、ブリヂストンといった日本を代表する大企業や、コカ・コーラ、オメガ、ビザといった世界的企業が名を連ねる。


このほかにも、大会組織委と契約する「ゴールドパートナー」「オフィシャルパートナー」「オフィシャルサポーター」がある。ランクに応じて、スポンサーが利用できる権利などで差がつく仕組みだが、東京五輪に限っては、最上位のワールドワイドオリンピックパートナーとゴールドパートナーを同列に扱うことになっている点が疑問視されていた。さらに、東京五輪のスポンサーシステムがこれまでの五輪ともっとも異なるのは、「1業種1社」というルールを撤廃した点にある。

6年契約で推定スポンサー料総額が150億円以上と見積もられる「ゴールドパート

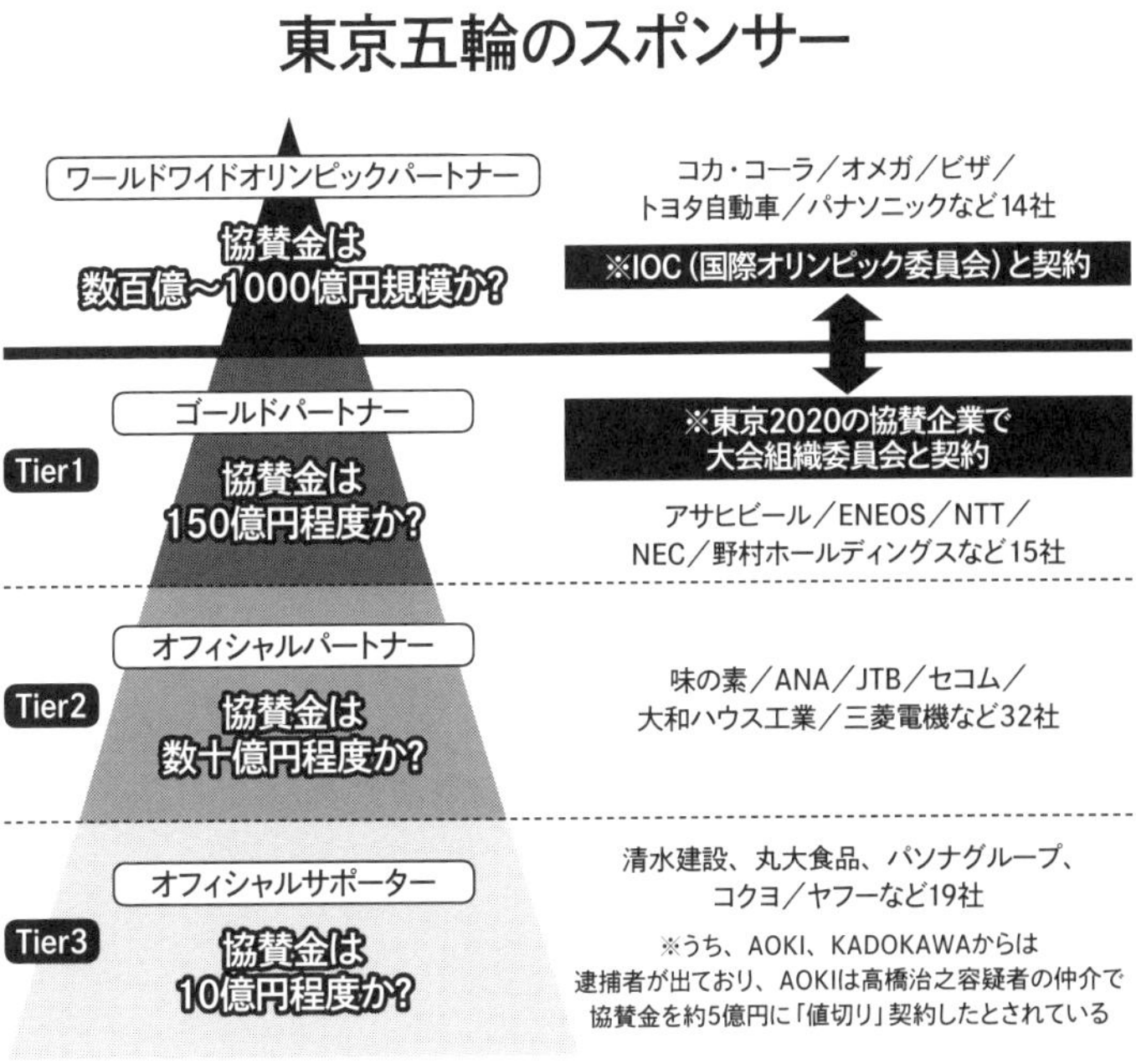
東京五輪のスポンサー
ワールドワイドオリンピックパートナー
協賛金は
数百億〜1000億円規模か?
コカ・コーラ／オメガ／ビザ／
トヨタ自動車／パナソニックなど14社
※IOC（国際オリンピック委員会）と契約
ゴールドパートナー
Tier1
協賛金は
150億円程度か?
※東京2020の協賛企業で
大会組織委員会と契約
アサヒビール／ENEOS／NTT／
NEC／野村ホールディングスなど15社
オフィシャルパートナー
Tier2
協賛金は
数十億円程度か?
味の素／ANA／JTB／セコム／
大和ハウス工業／三菱電機など32社
オフィシャルサポーター
Tier3
協賛金は
10億円程度か?
清水建設、丸大食品、パソナグループ、
コクヨ／ヤフーなど19社
※うち、AOKI、KADOKAWAからは
逮捕者が出ており、AOKIは高橋治之容疑者の仲介で
協賛金を約5億円に「値切り」契約したとされている

ナー」は「Ｔｉｅｒ《ティア》１」とも呼ばれる。銀行業界からみずほフィナンシャルグループと三井住友フィナンシャルグループ、ＩＴ業界からはＮＥＣと富士通など、同業種で複数の企業名が見られるのはそのためだ。

「オフィシャルパートナー」（「Ｔｉｅｒ２」）は、６年契約で契約総額は推定数十億円程度。「オフィシャルサポーター」（「Ｔｉｅｒ３」）は、６年契約で契約総額は推定10億円で、ここまで逮捕者を出したＡＯＫＩホールディングスやＫＡＤＯＫＡＷＡなどのスポンサーは、このカテゴリーに入っていた。

標的は「バッジ」（政治家）

「今、検察には多くの国民から激励の声が届いている。当然、若手も含めて特捜の士気は高まっている」

検察内部の人間からそんな内情を聞いたのは、２０２２年の夏も終わる頃だった。

東京五輪を巡る一連の贈収賄事件のとば口となった、高橋治之元組織委理事の最初の逮捕直後だった。

「今回の事件は、特捜の復権を懸けた長い戦いになるだろう……」

彼は、手元のペーパーを手繰りながらこうつぶやいた。


特捜の「復権」とは何か。

今世紀に入ってからというもの、検察は敗北続きだった。障害者団体向けの郵便料金を優遇する制度を悪用した「郵便不正・厚生労働省村木厚子元局長事件」（2009年）、この捜査に関連して起きた「大阪地検特捜部主任検事証拠改ざん事件」（2010年）、小沢一郎民主党代表の無罪判決で事実上の誤認捜査となった「陸山会事件」（2011年）など、いずれも杜撰で恣意的な捜査や誤認による起訴だったことが判明している。

特に安倍晋三が総理に返り咲いた2012年からの10年間は、森友学園問題、加計学園問題、そして桜を見る会問題のいわゆる「モリ・カケ・サクラ」問題に際しては、正義を率先躬行《きゅうこう》するどころか政権にすり寄る姿勢を見せ、世論の期待を裏切る日々が続いていた。

そのため、筆者の前でペーパーを括る彼の言葉からは、五輪汚職事件こそが、地に墜ちた特捜の名誉を回復させる好機と捉えている様子が窺えたのだ。

検察組織のなかでも汚職や巨額脱税、さらには談合、粉飾決算、インサイダー取引といった大型事件を専門に扱い、政治家や経済界の大物を捜査対象とする地検特別捜査部、いわゆる特捜は、社会の「巨悪」を眠らせないことが使命とされている。その特捜が五輪汚職を足掛かりに、復権を懸けた戦いを本気で始めようとしている雰囲気は確かに感じられた。

これまでの経緯を踏まえれば、検察が見据えているのは「バッジ」(国会議員)以外にない。つまり、米国・航空機製造大手ロッキード社の旅客機の受注を巡り、世界の多くの国の要人たちに多額のリベートがバラ撒かれ、日本では1976年に田中角栄前総理が受託収賄と外為法違反容疑で訴追された「ロッキード事件」以来となる、「元総理」の肩書を持つ政治家の検挙を狙っているのではないか……面会した検察内部の人物の口ぶりから、そう直感した。

「バッジまで(事件が)延びる可能性があるんですね?」

問いかけには答えずに彼はこう続けた。

「でも、あなた(筆者)はもう書かないんでしょう」

田中眞紀子外務大臣が「伏魔殿」と呼んだ外務省との確執を詳らかにした『週刊文春』(文藝春秋)の記事で、筆者が「編集者が選ぶ雑誌ジャーナリズム賞」の企画賞を獲ったのが2002年のことだ。その後、ジャーナリストとして『文藝春秋』(文藝春秋)や『週刊新潮』(新潮社)、『週刊朝日』(朝日新聞出版)などで記事を書き続け、いくつかのスクープを世に出してきた。

２０１１年に発生した東日本大震災では、未曾有の原発事故を巡り、テレビをはじめとする大手メディアは電力会社や政府の事実隠蔽に手を貸すような報道を繰り返した。「３・11」を契機にいよいよ露わになった日本のメディアの閉塞を前にして、２０１２年にオンラインの独立系メディアＮＯＢＯＲＤＥＲを立ち上げたが、健全な言論空間を自らの手で創り出すというニューヨーク・タイムズ時代からの筆者の目指すゴールには程遠いのが現状だった。

カルテルともいうべき記者クラブシステムが幅を利かせ、アンフェアが横行する日本のメディアの状況に失望して、ジャーナリストを名乗るのをやめ、東京都知事選に打って出たこともあれば、国政政党の幹事長を引き受けたこともある。公人になってからは、いわれなき醜聞をまき散らされたこともあった。

だが、そうした有象無象との駆け引きに疲弊するうちに、自らのキャリアを振り返り、自然とジャーナリスト復帰を考えるようになっていた。その矢先のことだ。何年も前に『週刊ＳＰＡ！』(扶桑社)の取材チームで追いかけていた五輪疑惑が、目の前で再び動きだしたのは――。

眼前の旧きソース（情報源）に、ふと漏らした。

「今、この事件が捲れてきたのは何かの縁かもしれません。検察が復権を目指すのは結構ですが、私もジャーナリストとして書き残しておかねばならないことを、もう一度書こうと思っています」

感傷的な気持ちから出た言葉ではない。

1兆4238億円というかつてない巨額の公金が投じられた一大国家プロジェクトを喰い物にしようと、暗闇で跋扈する巨悪に光を照射することはジャーナリストとして当然の役割だからだ。

「現段階で高橋、AOKI、KADOKAWA、大広がガラ（身柄）を取られている。頂点は森（喜朗）さんですか？」

2010年、それまでの検察取材の集大成として、筆者は『暴走検察』（朝日新聞出版）を上梓した。現在とは違い、当時、検察を批判するジャーナリストは皆無だった。身辺を守る意味もあり、「上杉隆＋週刊朝日取材班」という筆名で世に問うたのだが、予想どおり強烈な圧力があった。東京地検に呼び出され、まさにあの黒川から「上杉を潰せ！」と名指しされもした。

そんなときに、検察内部に身を置きながら手を差し伸べてくれたのがこの関係者である。

「長くなるだろうね。だが、時効の縛りもある。簡単な捜査ではない。もちろん準備はしてきた。雰囲気は変わったよ。断言はできないが、検察内部にもそういう期待はあるよね」

検察関係者はそう言い残して、その場を後にした。

第2章

闇のフィクサー

~日本のスポーツビジネスを変えた男~

大物フィクサーを気取った「裸の王様」

一連の五輪汚職事件の中心人物と目される高橋治之元組織委理事は、電通時代に培った実績から「日本のスポーツビジネスを変えた男」と業界内で呼ばれていた。そんな高橋が持つ幅広い人脈と強引に物事を進める豪腕を期待したのだろう。歴史に名を刻む一大国家プロジェクトに一枚噛もうと魑魅魍魎が彼のもとに群がった。

だが、高橋は大物フィクサーを気取った「裸の王様」にすぎない。なぜなら彼が関与した汚職事件のスキームは、ことごとく五輪スポンサーの選定から漏れた企業側が採用枠の拡大とその参画を求めて、賄賂を贈ってまで口利きを依頼する……極めて単純な贈収賄の構図でしかないからだ。

それにしても、なぜ「裸の王様」にすぎない高橋がスポーツビジネスの世界に君臨しえたのか。それは、五輪組織委のトップを務め、〝スポーツ界の首領〟と呼ばれた森喜朗元総理という虎の威を借りていたからにほかならない。実際、東京地検特捜部の捜査でも、高橋がAOKIホールディングスやKADOKAWA側と会合を持った際、森も同席しており、参考人として複数回の事情聴取を受けている。参考人とはいえ、総理経験者を事情聴取するのは検察にとって政治的リスクが極めて大きい。異例中の異例の捜査だけに、特捜の意気込みが透けて見える。

渦中の高橋は慶應幼稚舎（小学校）から慶應普通部（中学）、慶應高校、慶應義塾大学法学部政治学科と進み、大学を卒業した1967年に電通に入社。大阪支社の新聞雑誌局に配属される。3年後に開催を控えた大阪万博関連の仕事で、当時、和歌山県選出の山口喜久一郎衆議院議員に秘書として仕え、のちに衆議院議員を7期務めて防衛庁長官に就任する中西啓介の知遇を得たという。ビジネスに利するための政治家との付き合いは、高橋が社会に出て間もない頃にすでに経験済みだったことになる。

その高橋がスポーツビジネスという新境地で頭角を現したのは1977年。「サッカーの王様」ペレの引退試合を東京で開催し、これを大成功させたのがきっかけとなる。

ノンフィクション作家・田崎健太の著書『電通とＦＩＦＡ〜サッカーに群がる男たち〜』（光文社）に、こんな記述がある。

〈ペレの引退試合の話を耳にした高橋は「自分に任せてくれれば必ず成功させる」と手を挙げたという〉

国立競技場を超満員にしたペレの引退試合の成功体験は、高橋を次なるステージに導く。興行を成功のうちに終わらせた「立役者は高橋という男だ」という話を聞きつけ、サッカーのワールドユース大会のスポンサーだったコカ・コーラ社が接触してきたのだ。その後、1979年にサッカーワールドユース選手権が日本で開催され、事務局長として来日したのが、当時、サッカー界に君臨していたジョアン・アヴェランジェFIFA（国際サッカー連盟）会長（第7代会長・1974～1998年在任）の側近中の側近、ゼップ・ブラッターだった。のちにブラッターはFIFA第8代会長となる（1999～2015年在任）。

言うなれば、高橋は世界のスポーツビジネスの中枢に繋がる鉱脈を掘り当てたのだ。ブラッターと刎頸《ふんけい》の友となったことを足掛かりに、各国のスポーツ界の重要人物と太いパイプを築き、「五輪の商業化」の契機となった1984年の米国・ロサンゼルス大会で初めて五輪ビジネスに関わることになった。この頃、文部大臣としてすでにスポーツ界に絶大な影響力を有していた森喜朗と結びついていくのは必然だったと言えよう。

五輪組織委・森会長から受けた寵愛

東京都議会オリンピック・パラリンピック招致議員連盟事務局長を務めた鈴木隆道元都議会自民党幹事長代行は、高橋の影がちらつき始めた頃の五輪組織委の様子をこう振り返る。

「高橋が東京五輪に関わるようになったきっかけは、安倍さん（晋三総理）の紹介だったと記憶しています。彼は2014年1月に組織委が発足する1年半以上前からメンバーに入りたくて、森さん（元総理）やJOC（日本オリンピック委員会）の竹田恒和会長と頻繁に会っています。だが、五輪招致活動での彼の強引なロビイングぶりを耳にしていたので、組織委の最初の理事会でこちらからお断りしたんです。森さんにも直接『ダメですよ、高橋は』と進言したけれど、『アイツは使えるんだよ。俺の気持ちがわかるから』と大変可愛がっていました」

高橋が安倍総理の紹介で、東京五輪に関与するようになったのは事実だろう。『文藝春秋』2022年10月号にジャーナリストの西崎伸彦が寄稿した「高橋治之・治則『バブル兄弟』の虚栄」という記事で、高橋本人がこう述べている。

「最初は五輪招致に関わるつもりはなかった。安倍さんから直接電話を貰って、『中心になってやって欲しい』とお願いされたが、『過去に五輪の招致に関わってきた人は、みんな逮捕されている。私は捕まりたくない』と言って断った。だけど、安倍さんは『大丈夫です。絶対に高橋さんは捕まらないようにします。高橋さんを必ず守ります』と約束して

森喜朗五輪組織委会長（左）と一連の五輪汚職の中心人物とされた高橋治之元五輪組織委理事（中央下）。2017年2月、東京五輪組織委員会の理事会に臨んだ際に撮られた貴重なショットだ　写真／共同通信社

くれた。その確約があったから招致に関わるようになったんだ」

もちろん、この記事にある高橋の言葉を額面どおりに受け取るわけにはいかない。鈴木が述懐したように、高橋は組織委に入りたくて仕方なかったのである。そうでなければ、五輪スポンサーの選定に積極的にコミットし、口利きの見返りに2億円超の賄賂を受けとっていたのか説明がつかない。

空白の48日間

高橋を巡る贈収賄事件を紐解くうえでもっとも不可解なのは、高橋が五輪組織委の理事に「抜擢」された経緯と森元総理が組織委の会長に就任するタイミングだ。

少し整理してみよう。

五輪招致を実現した猪瀬直樹都知事が、日本最大級の医療法人グループ「徳洲会」から都知事選の選挙資金として5000万円の提供を受けていた疑惑が発覚し、都庁から退場したのが2013年12月24日。そして、猪瀬の辞任に伴い年明けに行われた都知事選を挟んで、舛添要一新都知事が誕生したのが2014年2月11日である。都知事の退場と新都知事の誕生まで、わずか48日間――。この都知事不在の空白期間に、喧噪から隠れるようにある大きな決定がなされる。そう。それが、のちに形成される「五輪カルテル」の中心人物2人の人事だったのだ。

大会の準備・運営の最高機関である五輪組織委の発足が、2014年1月24日。その会長の座に納まったのが森元総理だった。だが、重要人事の決定はこれにとどまらなかった。理事の人選までが、知事不在の間隙を突くように矢継ぎ早に決められたのだ。

なぜ、五輪という一大国家プロジェクトを担う組織委の人事が急ぎ足で決められたうえ、その経緯までもが隠匿されてしまったのか。

「空白の48日間」の後、新都知事となった舛添要一は当時の内幕をこう明かす。

「組織委の人事を決めたのは、都、国、JOCの三者の意見交換の場である調整会議で、都からは副知事、国からは下村博文文科大臣、JOCからは竹田恆和会長らが参加しました。森さんは〝スポーツ界の首領〟であるだけでなく、総理経験者なので頭が上がる人は政財界、スポーツ界を見渡しても一人もいません。ただ、五輪には莫大な資金がかかる。スポンサーを集められるのは、各界に顔が利く森さん以外にいなかったのも事実でしょう」

さらに不可解なことがある。森の会長就任後の3月17日、それまで34名だった組織委理事の枠が35名に増員されていたのだ。舛添が続ける。

「組織委内で開かれた評議員会で枠が一つ増え、6月に35人目の理事となったのが高橋です。評議員会には2人の副知事も参加していたが、どういうわけか知事である私にこの人事の報告はありませんでした。そして、これより前の4月17日には、高橋さんの古巣・電通が、組織委からマーケティング専任代理店に指名されていました。高橋さんの理事就任が決まった6月の時点で、すでに組織委には多くのスタッフが電通から出向していたこともあり、電通の元専務にまで上り詰めた彼が、自らの意向を反映させるのは容易だったはずです」

２０２２年９月27日には、五輪汚職を巡り、大会のスポンサー募集業務を担う販売協力代理店だった大手広告会社・大広から約１５００万円の賄賂を受け取ったとして、高橋は3度目の逮捕をされる。まるで地獄の釜の蓋が開いたように、五輪汚職は底が見えず、捜査はどこまで拡大するか見当もつかない。ただ、特捜の視野の遥か先に、森元総理がいるのは確かだった。

「強い検察」の新体制

2022年10月19日、東京地検特捜部は元東京五輪組織委理事・高橋治之の4度目の逮捕に踏み切った。高橋の勾留延長期限ギリギリとなったこの日、特捜は広告代理店ADKホールディングスの植野伸一社長ら3人を逮捕し、これで五輪のスポンサー選定を巡る贈収賄事件で身柄を押さえられたのは計12人となった。

世論の追い風を受け、検察内部では若手を中心に士気が高まる。裏を返せば、失態続きで自信を失っていた検察が、秋霜烈日のバッジに託されたプライドを取り戻しつつあるということだろう。

「ああいうかたちで（2020年5月の麻雀賭博報道をきっかけに）職を追われたとはいえ、黒川さん（弘務元東京高検検事長）の隠然たる影響力は依然として残っており、若手のなかにはそんな検察のふがいなさに失望する声すら上がった。やはり、安倍元総理の死がなければ、捜査がここまで至ることはなかったと思う」

こう検察内部の人間が自戒を込めて話すのには理由がある。安倍晋三元総理が銃弾に倒れた2022年7月8日を境に、見えない重石が取り除かれたかのように五輪汚職を巡る捜査が急速に動き始めたからだ。

捜査の急速な進展には、検察人事が深く関係している。2022年6月末、検事総長に甲斐行夫、東京高検検事長に落合義和がそれぞれ就任。1月の市川宏東京地検特捜部長の人事と相俟って、これまでの政治権力、つまり官邸から解き放たれたことを強く印象づける組織刷新だった。

黒川東京高検検事長の定年延長を安倍政権が目論んだ検察庁法の改正案は、世論の激しい反発に遭って断念せざるをえなかった。伝統的に検察自身で検察庁の幹部人事を決めてきた法務行政の慣行に手を突っ込もうとした官邸の企みは崩れ去った。そして、これを契機に「官邸の守護神」・黒川の力は徐々にではあるが削がれていった。そのうえ、刷新人事が断行されたのだから、検察内部の力学に及ぼす影響は決して小さくはなかったのである。

新たに検察のトップに立つ甲斐行夫は、高松高検検事長から霞ヶ関の法務省本庁舎に異動してきた「赤レンガ派」だ。法務省の在籍期間が長く、同省刑事局刑事課長、同局総務課長とエリートコースを歩み、刑事裁判への被害者参加制度や少年法改正など手掛けた刑事法制のプロである。捜査や公判に従事した経験が長い「捜査現場派」ではなく、法務省本省での行政官としての経歴が長い「赤レンガ派」だが、最高検刑事部長、東京地検検事正という要職を歴任して検事総長に就任している。

刑事司法のプロだけに特捜部案件でも「甲斐の壁」と内部で呼ばれる決裁ラインをクリアさえすれば、無罪になることはないという手堅さで知られる。それだけに、検事総長就任前の東京高検検事長や最高検刑事部長在任中は、東京地検特捜部が着手した事件のチェックに目を光らせ、証拠分析や法解釈を巡り、たびたび捜査不足を指摘した。そうした新検事総長が求めるのは、課題を一丸となって乗り越える「強い検察」だ。

検察ナンバー2の東京高検検事長に就任した落合義和は、東京地検特捜部副部長、法務省刑事局刑事課長などを経て、最高検刑事部長から就任に至った。就任会見では「誠実に職務を遂行し国民の負託に応えたい」と抱負を語り、「本当に悪いのが誰かを見極める捜査を各検察官に期待している」と檄を飛ばした。

そして、五輪汚職の捜査を率いる市川宏東京地検特捜部長は、東京地検特捜部に通算6年8か月も在籍していた生粋の「捜査現場派」だ。特捜部副部長時代には、日産自動車元会長のカルロス・ゴーン事件や河井克行元法務大臣の選挙買収事件などを担当。就任会見では「チームワークで真相を解明していきたい」「政治や経済などの社会に潜んでいる犯罪を摘発するところに意義がある」と特捜検察の意義を語っている。

3つの汚職ルート

検察の新体制を見ると巨大疑獄事件の真相解明が期待できる布陣と言えそうだが、検察の内部事情を鑑みればそれほど単純ではないという。前出の検察関係者が説明する。

「落合さんの定年が来年（2023年）初めに迫っており、それまでに捜査を仕上げなくては、という焦りもある。また、想定内ですが、高橋はまだオチていません。この先も勾留延長と再逮捕を繰り返すことはできるが、世論の風向きの変化が怖い。11月には次の〝階段〟に上がり、落合さんの勇退までに、何とか『バッジ』（政治家）にまで辿り着ければと思いますが、簡単ではないでしょう」

2022年8月の高橋の逮捕直後、筆者と五輪汚職を取材してきた『週刊SPA！』取材チームでは、汚職事件を巡る「3つの予想」を確認していた。

①スポンサーから組織委に支払われる広告費が広告代理店を経由する際に、高橋の幽霊会社にカネを還流する事件の「スキーム」の存在

②最初の逮捕後、勾留延長期限ギリギリの20日ごとに、新たな事件のルートを確定し、

最重要容疑者の高橋を決して娑婆《しゃば》に出さず（仮釈放せず）、捜査の〝階段〟を上っていく「ロードマップ」の作成

③五輪オフィシャルサポーター20社の中から〝道具〟（〝階段〟を上るための逮捕者）を使い、最終ターゲットのバッジに迫る「逮捕者リスト」の想定

実際に、この見立ては一つずつ現実のものとなっていく。

①に挙げた「スキーム」の原型がつくられたのは、高橋が組織委入りする２０１４年の早い段階であった。当時を振り返れば、資金提供問題でハチの巣をつついたようなメディアスクラムが続くなか、２０１３年末に猪瀬直樹都知事が辞任。これを受けて２０１４年２月９日に都知事選が行われ舛添要一新都知事が誕生したが、この間の知事不在だった「空白の48日間」に多くの青写真が描かれていたのである。

五輪利権に群がる魑魅魍魎にとって、巨大な赤字を積み上げ続ける道路公団にメスを入れるなど行政改革に取り組み、『特殊法人民営化』（ＰＨＰ研究所）などの著書で知られる作家出身の猪瀬都知事は面倒な存在だった。巨大な予算が投入される一方でスピード感を重視する五輪の大会運営を逐一チェックされようものなら、なおさらだ。結果的に、猪瀬は知事の座から引きずり降ろされることになる。

後任として都知事を務めることになった舛添要一も次のように認めた。

「猪瀬さんは自らが組織委の会長に就くと公言していたそうです。国会議員から都議会議員に至るまで都に関連する有力議員は多いが、彼らから私が聞いたのは『猪瀬さんが組織委を牛耳ろうとして、自ら組織委会長になろうとしたのがいけない』という声でした。一方で、猪瀬さんに近い人からは『いや、知事本人ではなくビジネス界から招聘するんだ』という声も聞かれました。

ただ、言い方は異なるものの、会長になるのが猪瀬さん本人だろうが、気脈を通じた財界人だろうが、五輪開催都市の知事が組織委を牛耳ることに変わりはない。そして、それでは困るという勢力が存在したのも事実でした。そこで2012年の都知事選の際の選挙資金5000万円を政治資金報告書に記載していなかった問題を持ち出して、猪瀬知事を失脚させた……と私は聞いています」

組織委の会長人事について、猪瀬都知事は、自分が就任できないなら経済界から招聘する思惑だったという。猪瀬都知事の報道官で、五輪組織委では総務局長、チーフコンプライアンスオフィサーを務めた雑賀真は、当時の経緯をこう明かす。

「確かに、猪瀬知事は組織委の会長をやりたがっていましたが、開催都市のトップである知事が運営主体である組織委の会長を兼務するのはうまくない、と事務方から進言しました。ただ、12月に辞めるまでには猪瀬知事は『私が会長になるのではない。経済界から人材を持ってくるべきだ』という考えに変わっていました。その後、竹田恒和JOC前会長の名も挙がりましたが、日本体育協会会長を務めていたこともあり、トヨタ自動車の張富士夫名誉会長に白羽の矢が立ったのです」

しかし、猪瀬の翻意だけで事は収まらなかった。雑賀が続ける。

「都議会自民党の中で『猪瀬憎し』の声が大きくなっていき、当時、議会に常設されていた五輪招致の特別委員会に知事を呼んで質問しようとする動きがありました。通常、常設の委員会は都の局長級が答弁するもので、知事が出てくるなんてありえないんですが、何としても猪瀬知事を組織委会長にしないために『知事vs都議会自民党』の対立構図が形作られていったのです。舛添さんの言葉を借りれば、利権に乗ってこない猪瀬知事を排除しようとしたのかもしれないが、都議会自民党にとって猪瀬さんは目障りだったのでしょう」

都庁から追放された猪瀬も、当時の内幕を2017年に出版した『東京の敵』(角川新書)にこう綴っている。

〈当初は張さんに会長になってもらい、僕と竹田さんで副会長を務めつつ、外資系金融・会計・コンサルで実績のある人間にCFO(最高財務責任者)として入ってもらえるよう、水面下で動いていました。《中略》トヨタで経営をしてきた張さんとシビアなCFOがい

れば、お役所のような無責任経営にはならないと考えたのです〉

猪瀬は五輪利権に群がる勢力の虎の尾を踏んだのかもしれない。

欠員だった組織委「36人目」の理事

一方、高橋の五輪組織委理事就任を巡っても、不可解な点がいくつも浮かび上がる。組織委は2014年3月17日に第2回の評議員会を開き、それまで定款で25名と決められていた理事の上限を10名増やして35名とした。理事の定員の変更自体にはさほどの問題はないが、この評議員会では34名の理事を選出し、なぜか1名を欠員にしていたのだ。

当時、すでに知事として都庁で職務にあたっていた舛添はこう訝しむ。

「その後、6月に最後の35人目の理事に選ばれたのが高橋さんです。ただ、なぜ3月17日に理事を一気に35名まで増員したときに、彼を理事に選ばなかったのか……。こうした不可解な決定をしたこの評議員会には、都から副知事の安藤（立美）と前田（信弘）が出席していたが、私には一切報告がなかった。

考えられる理由は一つです。実は、4月に高橋さんの古巣・電通が組織委のマーケティング専任代理店に指名されていました。あくまでも推測ですが、3月に高橋さんが組織委理事に就任していて、その後の4月に組織委が電通を専任代理店に指名すると、彼が電通を引っ張ってきたことになるのでうまくないと判断したのではないでしょうか。順番としては、まず電通が専任代理店に指名され、その後、ほとぼりが冷めた頃に高橋さんが組織委理事に就任すれば、疑いがかかることはありませんから」

組織委人事の青写真は、遥か前に描かれていたのか。舛添は疑念を呈する。

「2013年の秋には、高橋さんの組織入りは決まっていたのではないか。というのは、同年9月に東京招致が決まったブエノスアイレスのIOC総会の場に、高橋さんの姿があったからです。彼は五輪招致委のメンバーではなかったが、各国のIOC委員との太いパイプを頼った招致委からスペシャルアドバイザーとしてIOC総会に招かれていました。つまり、その時点で五輪招致委に関与し影響力を行使していた高橋さんを、後々わざわざ排除するわけがない。実際、私が知事に就任したときには、すべては決定済みで口を挟む余地などありませんでした」

発足間もない五輪組織委にはマーケティング専任代理店の電通と、理事の椅子には元電通の高橋が座ることになった。こうして組織委は高橋と彼の意のままに動く電通を中心とした支配体制が確立していくことになる。

２０１６年というごく早い段階で高橋を危険人物と見抜き、国会で実名を挙げて追及した政治家がいる。神奈川県知事も務めた松沢成文参議院議員だ。当時の状況を松沢はこう述懐する。

「高橋は、２０１６年6月に組織委理事の任期を迎えようとしていた。私は同年4月、国会でこの事実を当時の遠藤利明五輪担当大臣に指摘し、高橋の更迭を迫ったが、『政府には組織委の人事権がない』と聞く耳を持たなかった。

だが、森元総理が五輪組織委の会長に納まった人事は、都と国、ＪＯＣらによる4者協議で決まったものです。つまり、組織委の人事に政府の意向を反映させることはできたのです。ならば、一介の理事である高橋を組織委から外すことができないはずがない。ところが、国はそうはしなかった……。今回の一連の汚職事件は政府の不作為が生み出したといっても過言ではありません」

かくして猪瀬都知事の辞任後、舛添都政に移行するまでの「空白の48日間」の間隙を縫うように、都知事選の真っ最中に五輪組織委が発足する。そして、会長の座に就いたのは森元総理だったのである。

新都知事という五輪開催都市のトップの立場にいながら、重要事項の決定の場からスポイルされた舛添が憤りを抑えきれないのも当然だった。

「五輪組織委は都とＪＯＣが1億5０００万円ずつ出して作ったものであり、開催都市のトップである知事は私です。だから、都とＪＯＣという親会社が2つあり、知事である私と竹田ＪＯＣ会長は親会社の社長のようなもの。

ところが、子会社である組織委のトップを決めるというのに、親会社の社長が決まるのを待たずに決めてしまった。そんなバカな話がありますか。しかも、知事不在の1月14日に発足した組織委には、秋山（俊行）副知事が知事の代理として出席して、森元総理が会長、武藤敏郎が事務総長、理事に竹田ＪＯＣ会長や秋山副知事など……という人事が決められてしまった」

こうして、ブラックボックス化した国家プロジェクトは走りだしていくのであった。

第3章

五輪組織委を支配した慶應三田会パワー

「森」の前に「竹」を刈る

「次の区切りは高橋（治之元五輪組織委理事）の5回目の逮捕。ルート（事件）はパーク24を〝階段〟に、ここで2人目の的を狙うことになる。『旧』がつくとはいえ相手は皇族の末裔なので、相当な覚悟と慎重さをもって臨まないといけない……」

こう語るのは元検察の情報提供者の一人だ。

2022年9月17日、時事通信が五輪汚職を巡り、「高橋ルート」がさらに広がりをみせていることを報じる。

駐車場サービス大手のパーク24が、スポンサー契約に際して、広告大手のADKマーケティング・ソリューションズ（旧アサツーディ・ケイ）を協力代理店として介在させるよう電通に働きかけた疑いのあるという。

高橋は8年半にわたりADKからコンサルティング料として計約5000万円を受け取っている。一方で、ADKは五輪本大会で多くの会場運営を組織委から受注していた。特捜はADKを家宅捜索するとともに、元役員らを任意で事情聴取して契約の経緯などの調査を開始する。2014年4月、組織委からマーケティング専任代理店に指名された電通は、多数の国内スポンサー獲得を見込み、組織委の了承を得て一部業務を「販売協力代理店」と認定して複数の広告会社に再委託した。

電通が複数の広告会社と再委託の交渉を進めていた2016年当時、高橋は電通の担当室長にADKを協力代理店に選ぶよう要求。さらに「会場周辺に駐車場を持っているパーク24でいいじゃないか」などと、契約に介在させるよう後押しした疑いがあるという。

実際に2018年、パーク24は組織委とオフィシャルスポンサー契約を締結。ADKには電通から再委託料が支払われた。ただ、スポンサー契約は一貫して電通とパーク24が直接交渉しており、ADKの介在は形式的なものだったという見方もある。ADKは大会招致決定前の2013年夏、高橋治之が会長を務めるコンサルティング会社コモンズとの間にスポーツ事業に関するコンサル契約を結び、2021年12月までコモンズに月50万円が支払われ、前述したようにコンサルティング料の総額は約5000万円に上っている。このコンサル契約については「五輪を見据えた取引だった」との証言もある。

特捜がパーク24を狙うのには理由があった。「森」に到達する前に「竹」を刈り取る筋書きで捜査を進めているのだろう。高橋の逮捕以降、多くの関係者に取材を進めるなかで、特捜の次なるターゲットが竹田恆和JOC（日本オリンピック委員会）前会長であることが浮かび上がってきたのだ。

竹田といえば、五輪招致を巡る贈賄容疑でフランス検察当局の捜査対象となり、JOCの会長職を追われているが、パーク24と深い繋がりがあった。

2006年1月、すでにJOC会長となっていた竹田は同社の監査役に就き10年間務めると、2016年1月には社外取締役と監査等委員に就任している。つまり、パーク24は、16年の長きにわたり竹田の面倒を見ていたことになるのだ。同社の2022年の報酬規定によれば、「社外役員」には年4800万円が支払われている。旧皇族出身の竹田にとっても、決して少なくはない金額と言っていいだろう。ところが、同社に特捜の家宅捜索が入った10月7日から間もない10月26日、「一身上の都合」で竹田は突如辞任している。

キーパーソンは慶應高校同窓の2人

なぜ、特捜は竹田恒和を狙っているのか。それを語るには少し紙幅が必要だろう。

竹田はGHQ（連合国軍最高司令官総司令部）占領下の1947年10月に皇籍離脱した旧11宮家の一つ、竹田宮恒徳王の三男として生まれた。ただ、彼を「旧宮家」「旧皇族」と一括りにするのは正確ではない。恒徳王が皇族の身分を離れた後に末っ子として誕生した恒和だけが、5人の子女の中で唯一戦後生まれで、「王」の称号を持たない旧皇族になる。そのため、学び舎は学習院ではなく、幼稚舎（小学校）から大学まで慶應義塾。生粋の「慶應ボーイ」として育った。一連の五輪汚職の中心人物である元組織委理事の高橋治之は、竹田の次兄・恒治とは慶應義塾高校の同級で、恒和から見ると3学年上の先輩にあたる。「兄の友人で先輩」の高橋は気が置けない席では竹田を「カズ」と呼び捨てにするほどの仲だった。

だが、竹田と高橋の長きにわたる密な関係は、世界から見ればあまりに危うい不適切な間柄に映っていたようだ。それが欧州の貴族の作り上げた国際的スポーツイベントであるオリンピックの開催に関わっていたらなおさらだろう。

ＪＯＣ国際業務部参事として世界のＩＯＣ（国際オリンピック委員会）委員と幅広い人脈を築き、１９９８年の長野冬季五輪では招致委員会で渉外参事として招致に貢献した五輪アナリストの春日良一が話す。

「実は、ＩＯＣのバッハ会長は東京２０２０の組織委が発足した２０１４年の段階で、早くも竹田会長について懸念していました。同年6月下旬のこと、私はたまたま友人のＩＯＣ委員と一緒にいたのです。来日した彼と旧交を温めるため食事をしようとクルマを走らせていました。そこにバッハから直接、国際電話がかかってきたのです。

『会長からだ！』と彼は緊張しながら質問に答えていた。聞き耳を立てると、バッハは竹田JOC会長について問うていたが、特に『竹田と高橋の関係は大丈夫か？』と高橋との関係が不適切なものではないかと確かめていたのです。執拗に問われた友人は『詳細を調べて改める』と電話を切りました」

IOCのトップであるトーマス・バッハ会長から直々に電話が入ること自体、異例の事態と言っていいが、ここで重要なのは電話がかかってきたタイミングだ。

筆者ら取材チームの調査から、高橋の組織委理事選任は遅くとも東京招致が決定した2013年9月には既定路線だったとみられる。だが、理事の数が35名に増枠された2014年3月の評議員会では高橋の組織委入りは見送られ、ようやく35人目の理事に選ばれたのは1年3か月後の2014年6月のことだった。

春日が続ける。

「組織委入りの経緯と時期、そして高橋とただならぬ関係にある竹田がJOC会長職に就いていることに、バッハ会長が大きな不安を抱いていたのは間違いないでしょう」

五輪招致活動の贈賄疑惑

バッハの不安は的中する。国際陸上競技連盟（ＩＡＡＦ。現・ワールドアスレティックス＝世界陸連）会長でＩＯＣ委員でもあったラミン・ディアクが、ロシアの組織的ドーピングを隠蔽する見返りに賄賂を受け取っていたとして一大スキャンダルに発展したことを憶えている人も多いだろう。この捜査の過程で新たな疑惑が浮上したのだ。その疑惑とは、東京五輪招致を巡って高橋が主導したとされる強引なロビー活動と背後に横たわる腐敗の構図である。

招致活動に従事していた高橋と竹田は、ラミンの息子のパパマッサタ・ディアクと関係が深いシンガポールのブラックタイディングス社に「コンサルタンティング料」の名目で、２０１３年７月と10月に約２億３０００万円を支払っていた。支払いの時期は、東京への五輪招致が決まる前と後の２回。なるほど、ＩＯＣ総会での集票工作の着手金と成功報酬と考えれば合点がいく。実際、フランス検察当局はこれと同じ見立てで贈収賄を疑っていた。アフリカのＩＯＣ委員と昵懇の間柄のセネガル人で、アフリカ票の取りまとめ役として五輪開催地の決定に大きな影響力を持つとされるディアク親子に、高橋と竹田が賄賂を贈った疑惑がにわかにクローズアップされたのだ。

ラミン・ディアクにはロシアのドーピング隠蔽に関わる汚職とマネーロンダリングの容疑がかかり、2015年11月にIOC委員を辞しており、事実上、国際スポーツの世界から追放されている。そして、そのわずか1か月後の同年12月、フランス検察当局は次なる標的を定めた。贈賄側の責任者として当時、五輪招致委理事長を務めていた竹田を捜査対象とし、パリ大審院が予審手続きに入ったのだ。

これを受けて、五輪招致を巡る贈賄疑惑が日本でも火を噴くが、竹田は共同通信の取材に「招致委のルールに則って組織的に処理されている。事務局が（契約内容を）精査し、最終的に（自分が）サインした」と事実関係を認めたものの、まるで他人事のような口ぶりだった。JOCの対応も、竹田の言葉を踏襲したものに終始する。2016年9月、JOCの調査チームが公表した報告書は「違法性はなく、倫理規定にも違反しない」と強弁。五輪開催に支障をきたすと考えたからか、身内の恥を揉み消すように早々に事態の収拾を図った。

その後の調査で、賄賂を贈ったことが疑われるディアク親子の影響力は極めて限定的で、五輪開催地を決める投票に際して、アフリカ票を動かすほどの力はなかったことが判明している。仮に、竹田と高橋が贈賄を行っていたのなら、2人は〝国際スポーツ詐欺〟に引っかかったということになり、いわば公金をドブに捨てたに等しいということだ。

窮乏する旧皇族・竹田家の財政

竹田のスポーツとの関わりは、戦前は陸軍の騎兵将校として戦地に赴き、戦後はJOC委員長、IOC理事、日本馬術連盟会長などを歴任し「スポーツの宮さま」と呼ばれた父・恒徳王の影響が大きかった。実際、竹田は慶應義塾幼稚舎5年生のときから乗馬に慣れ親しみ、1972年のミュンヘン五輪と1976年のモントリオール五輪に馬術の日本代表選手として出場を果たす。その後、慶應義塾大学馬術部の監督となり、1991年にJOC理事に就任。翌1992年には馬術の日本代表監督としてバルセロナ五輪に派遣されている。

日本体育協会（現・日本スポーツ協会）でキャリアを積み、1991年にJOCに移った春日良一は、同じ年にJOC理事となった竹田を間近で見てきた。

「竹田さんは理事に就任しましたが、ポジションは末席でした。JOCの役員には、自ら率先して仕事をつくって事務局を引っ張っていくタイプと、事務局がすべてお膳立てをして、決められたとおりのことしかしないタイプに大別されるが、彼は典型的な後者。ただ、（旧皇族に由来する）『プリンス』の肩書はスポーツ界で特別な意味を持つうえ、オリンピアンでもあるので、JOCには育てていこうという機運があった。だが、多くのJOC関係者が評するように、贈賄疑惑で会長を辞任するまで、『お任せの人』のまま変わりませんでした」

竹田がJOCの会長まで上り詰めたのは2001年のこと。初代会長を務めた西武鉄道グループのオーナーである堤義明の強い後押しがあったと言われている。西武グループのホテルリゾートブランド「プリンスホテル」の名称が、皇籍離脱後、経済的に困窮していた旧皇族の土地を買い取り、ホテルを建てたことに由来しているのは有名な話だ。堤は戦後11宮家が廃絶され、生活に困窮する旧皇族の所有していた土地を買い上げたうえ、旧宮家関係者をグループで雇用し、経済的に支援した。都心の広大な敷地に佇む旧竹田宮邸も、グランドプリンスホテル高輪（旧・高輪プリンスホテル）へと姿を変え、現在は同ホテルの貴賓館となっている。

ほかの旧宮家と同様、戦後の竹田家は「没落貴族」さながら台所事情も火の車だったようだ。

竹田は1974年、東京・小平市の精神病院「松見病院」を経営する松見イクの次女・昌子と結婚する。松見達夫が創業した松見病院を受け継いだ娘のイクは女傑として知られ、病院経営だけでなく不動産事業にも進出し財を築いていた。イクは次女夫婦のために高級住宅街の元麻布に豪邸を建ててやり、不自由のない暮らしをさせていたという。竹田が馬術に没頭できたのは、裕福な義母の援助があったからにほかならない。

竹田自身もビジネスを手掛けていたものの、決して順風満帆とはいかなかった。１９７９年、旅行代理店・エルティーケーライゼビューロージャパンの設立に参加。自ら代表に就任するが、個人的な人脈の法人顧客から受注する程度で業績はさほど振るわなかった。竹田が愛する馬術の人脈によって、栃木県の乗馬クラブ・ロイヤルホースライディングクラブの理事長に就くが、豪奢な調度品に湯水の如くカネを注ぎ込み、２００１年には親会社の倒産に連鎖して破綻している。

一方、竹田の経済的後ろ盾となっていた松見家にもバブル崩壊後の不況の影響が押し寄せ、資産は次々と競売にかけられ、本業である病院経営も苦境に陥った。松見家の凋落と歩を合わせるように夫婦仲は冷え込み、竹田夫妻は別居。２００３年には離婚が成立した。その後、２００７年に竹田は代表を務めるエルティーケーライゼビューローの社員で、スポーツ界の重鎮の娘と再婚している。

竹田がＪＯＣ会長に就任した２００１年、彼が手掛けたビジネスは頓挫し、私生活も良好といえる状態ではなかったのだ。

そんな竹田家とスポーツの関わりに堂々と異議を申し立てていた数少ない人間の一人が、春日良一だった。

「2001年9月、先代の八木祐四郎JOC会長が急死すると、JOCは後任選びに右往左往していた。結局、IOC名誉委員を務めた竹田恒徳さんの三男で、馬術のオリンピアンでもあった恆和さんが候補に挙がり、JOC初代会長の堤義明さんの推薦もあって会長に就任することになる。ただ、竹田さんは問題を抱えていた。ほかの旧宮家と同じく、財政事情が逼迫しており経済的支援が必要だったのです。

そこで会長就任を条件に、それまで無報酬だった会長職を年1500万円の有給制に変えることになる。これを実現すべく、各所に働きかけて回ったのが慶應高校の先輩にあたる高橋治之でした。そもそもJOC会長は名誉職なので無給が当然だし、それまで異を唱える人などいなかった。実際、JOCでは経済的に余裕のある人格者が代々の会長を務めてきたし、現在も日本スポーツ協会の会長は無報酬のボランティアです。

こうした歴史があるので、会長に報酬を出すというJOCの決定は、幹部は無私の精神でスポーツの発展に寄与するという伝統を破るものであり、当時、スポーツ界で大騒ぎになったほどでした。だが、不文律を破ってまで竹田会長の時代から年1500万円の報酬制に変わり、今に至っています」

2019年3月、一連の騒動のなかJOCの会長職を任期満了で退任すると表明した竹田恒和氏。招致段階での疑惑については、「不正なことはしていない」と身の潔白を主張した　写真／共同通信社

スポーツビジネスを独占したISL

竹田JOC会長の誕生は、高橋にとっても自らのステータスを高める絶好の機会となった。その後、スポーツ界のビッグイベントを仕掛ける辣腕プロモーターとして「日本のスポーツビジネスを変えた男」と称賛された高橋の名声は、より強固なものになっていく。

だが、国際的なスポーツイベントの内部事情にも精通する前出の春日は、高橋への評価に対してこう疑問を呈する。

「サッカーの王様・ペレの引退試合やボクシング世界ヘビー級王者マイク・タイソンのタイトルマッチなど、高橋は世界的スポーツイベントの開催を主導したと言われているが、陣頭指揮をとって現場を仕切っていたのは電通の服部庸一です。

服部は電通の元ロス五輪室長で、のちに五輪やサッカーW杯などの国際スポーツイベントのマーケティングを独占することになるスポーツマーケティング会社のISL（インターナショナル・スポーツ・アンド・レジャー）を立ち上げ、初代室長に就いた人物で、電通に絶大な貢献をしました。1990年代まで高橋の名など聞いたこともなかったし、私が関わった1998年の長野五輪招致でも彼の影響は一切なかった」

服部庸一は、今日の電通が五輪やサッカーW杯など、国際的なスポーツビジネスを手掛ける礎を築いた「稀代のプロデューサー」だ。

電通グループのサービスやソリューションなどを紹介するビジネス情報サイト『電通報』(https://dentsu-ho.com/)によれば、1928年に東京・大森で生まれた服部は、終戦直前の1945年4月に上智大学の予科に入学後、経済学部に進む。著名な音楽評論家を父に持つ彼がハワイアンバンドのボーカル兼ギタリストとして、占領下の米軍キャンプで演奏するようになったのは自然な流れだった。

1951年、電通入社後、東京本社営業局外国部に配属されて間もなく新設の東京本社ラジオ局ラジオ企画制作課に異動となる。その後、1960年には東京本社ラジオテレビ企画制作局副局長に任じられると、現在も続く長寿番組『題名のない音楽会』(テレビ朝日)など数々の企画を世に送り出した。

服部がラジオやテレビといった放送以外の仕事を手掛けたのは、1970年の大阪万国博覧会が最初だ。万博協会シアターEXPO70にエグゼクティブプロデューサーとして出向すると、米国のエンターテイナーのサミー・デイヴィスJr.、ブラジル音楽界のスーパースターのセルジオ・メンデス、ドイツの歌手で俳優のマレーネ・ディートリヒといった海外の大物アーティストを多数招聘し、ショーは大阪万博の目玉イベントとして大成功を収める。

その後、大相撲トーナメント（1977年）、沖縄海洋博覧会（1978年）、国際児童年プロジェクト（1979年）と次々に大型プロジェクトを成功に導いてきた服部が、いよいよスポーツビジネスに手を着けるのは1979年のこと。米国・プロサッカーチームのニューヨーク・コスモスがアジアツアーを計画し、電通に協力を求めてきたときだった。コスモスには「サッカーの王様」・ペレ（元ブラジル代表）、「皇帝」の異名をとるベッケンバウアー（元西ドイツ代表）らのスーパースターが所属しており、世界的な注目を浴びていた。服部はこのドリームチームと日本代表の試合を実現させ、悪天候に見舞われながらも国立競技場を超満員の観客で埋め尽くしたのだった。

商業五輪に接近する電通

国際スポーツイベントの可能性に手応えを得た服部は、いよいよ五輪に関わることになる。1984年のロサンゼルス五輪に際して、のちに「商業五輪」と揶揄されるほどの大成功に導いたピーター・ユベロス大会組織委員長に接近すると信頼を得て、スポンサーシップ交渉権の獲得に乗り出した。1980年3月、粘り強い交渉の末、独占代理店契約を結ぶことに成功する。その後、電通はユベロスと服部の強固な関係によって先鞭をつけた五輪ビジネスに邁進していく。

「稀代のプロデューサー」・服部が立ち上げたスポーツマーケティング会社・ISLが、「いつの日からか、五輪やサッカーW杯をはじめとする国際スポーツイベントのマーケティングを独占するようになっていった」（春日氏）というのも、ここまでの歴史を振り返れば至極当然の成り行きだったと言えよう。

ISLは、スポーツを通じて生まれる利益を最大化するために多くのスキームを編み出した。スポーツのマネタイズが、多くのアスリートにとって救いとなることは間違いない。熱狂や感動を演出することで新たなファン層が掘り起こされ、競技人口の裾野が広がる。スポーツ本来の魅力を多くの人々知ってもらえ、選手の強化にも繋がる。そういった意味においては、ISLが果たした役割は意義深かったはずだ。

スポーツがビッグビジネスに変容することとなった端緒は、服部がロス五輪のマーケティングに関わった当時まで遡る。五輪のスポンサーが決まり、いよいよ本格的に始動すると思った矢先、思わぬ問題が浮上する。スポンサー企業は契約締結後、開催国である米国以外の国でも五輪関連キャンペーンを展開したのだが、NOC（国内オリンピック委員会）からクレームが入ったのだ。

当時、オリンピック関連マークの許認可は各国のNOCに委ねられていた。そして、この許認可権は自国開催のオリンピックマークの使用にとどまらず、外国で開催される五輪のオリンピックマークにも及ぶ。つまり、五輪のマーケティングを展開するには、各国のNOCの許可をいちいち得る必要があったのだ。だが、各国NOCに任されているオリンピックの権利関係を一括してIOCに集約すれば、グローバルなマーケティングの展開が可能になる。この「難題」をクリアすれば、莫大な利益に繋がるのは明らかだった。

服部はユベロス組織委員長に助言を求める。キーマンは世界各国のNOCを束ねるANOC（各国オリンピック委員会連合）のマリオ・バスケス・ラーニャ会長と教えられ、さらに実務的に相談するべき人物として紹介されたのが、欧州最大のスポーツウェアメーカーのアディダスを率いるホルスト・ダスラー会長だった。

当時、すでにFIFA（国際サッカー連盟）とUEFA（欧州サッカー連盟）のマーケティングの権利を獲得していたダスラーは、これを地歩に国際陸上競技連盟（現・ワールドアスレティックス）、さらにはオリンピックのマーケティングの展開を望んでいた。グローバルなマーケティング展開を実現するには、オリンピックの権利関係を押さえなければばならない。そのためにクリアしなければならない最大の障害が、IOCが各国のNOCに委譲しているオリンピックの権利運用だとダスラーは見抜いていた。

こうして利害の一致を見たダスラーと服部はたちまち意気投合する。そして、ロス五輪の2年前の1982年、電通とアディダスが半分ずつ出資して、ジョイントベンチャー「ISLマーケティング」をスイスのチューリヒに立ち上げる。服部は新会社の副会長に就任した。ISLは「オリンピックマーケティングが成功し、五輪開催経費を全て賄うことができれば、オリンピック理念の実現に貢献することができる」と、フアン・アントニオ・サマランチIOC会長に提案し、果たしてそのとおりになっていく。

服部の狙いどおり、ロス五輪は商業的に大成功を収めるのであった。

巨額の利益をもたらす「錬金術」

「公的資金を一切使わず民間資金だけで開催する」

開催都市であるロサンゼルス市が税金の投入を拒んだのに対して、こう豪語したユベロス大会組織委員長の宣言は現実のものとなった。

ただ、公的資金に頼ることができないゆえに、ユベロスは資金調達の手段を選ばなかったのも事実だ。テレビの放映権料を吊り上げ、スポンサー料を競わせて高額化するよう「1業種1社」のスポンサー制度を導入する。スポンサー料は1社最低でも400万ドル以上（当時のレートで約9億5000万円）、スポンサー企業を30社に限定した。さらには、聖火リレーの走行区間を細切れにして販売。このほかさまざまな協賛金や、大会エンブレムやマスコットなどを商品化するライセンシングなど、考えられる手段を駆使して収益を上げ、開催費を賄うだけでなく約500億円もの黒字計上を達成したのだ。

ロス五輪の大成功を受けて、1985年、IOCはISLとオリンピックのグローバル・マーケティングプログラムに関する独占代理店契約を締結する。これはIOCが五輪の商業利用に舵を切ったことを意味する。すなわち、世界的な大企業に五輪のシンボルの独占的使用を許可する代わりに、スポンサー料を得ることで大会の円滑な運営を図ったのだ。

この成功を支えたのは服部庸一の熱意溢れる奮闘であり、スポンサーシップ交渉権を独占した電通の組織的機動力があったことは疑いようもない。少なくとも当時のISLや電通には、グローバルなマーケティングを通じて「オリンピック理念の実現に貢献」する意思があったのも確かだった。

一方で、ユベロスがロス五輪を商業的に大成功に導いたビジネスモデルは、巨額の利益をもたらす「錬金術」としてISLが受け継いでいくことになる。そして、これを機に電通は、IOCや国際陸連、FIFAを巻き込んで国際スポーツ利権に食い込み、マーケティングを独占していった。服部は1989年に取締役、1991年には常務取締役に昇進したが、役員室に納まるのを嫌いISL室長の肩書で居続ける。1990年にサッカーW杯イタリア大会、1991年に東京で第3回世界陸上が開催され、同年には1998年冬季五輪の長野招致が決定した。ISL室はISL事業局に拡充し、服部の国際スポーツビジネスは順調に発展していった。

ところが、1992年に服部は体調を崩して入院し、年を越して一度は持ち直したものの再び病状が悪化。64歳の若さで激動の生涯を閉じることになる。服部亡き後の1993年、入れ替わるように電通東京本社ISL事業局長に滑り込んだのが高橋治之だった。1984年のロス五輪のマーケティングに電通が初めて関わり、服部の下でスポンサー集めに奔走していたのが若き日の高橋だ。電通にオリンピックビジネスと莫大な利益をもたらした「稀代のプロデューサー」の仕事ぶりを間近で見ていた彼は、服部の切り拓いた国際スポーツビジネスを踏襲していくことになる。「日本のスポーツビジネスを変えた男」・高橋の業績はとどのつまり、ことごとく服部が敷いたレールの上で成し遂げられたものにすぎなかったのである。

ＩＳＬの破綻

五輪アナリストの春日によれば、高橋がスポーツビジネスの表舞台に上がったのは２００１年以降のことだという。奇妙なことに、旧宮家出身の竹田恆和が紆余曲折の末にＪＯＣ会長に就任したタイミングと一致する。春日が続ける。

「２００１年は、ＩＳＬが多額の負債を抱えて経営破綻した年でもある。１９８２年の設立以来、ＩＳＬは五輪やサッカーＷ杯など国際的なスポーツイベントのマーケティングを独占してきたが、１９９９年に２００２ソルトレークシティー冬季五輪の招致活動を巡る不正が発覚。２００１年は、この大規模な不祥事を受けて、ＩＯＣが組織を挙げた検証と不正に手を染めたＩＯＣ委員の粛正に乗り出し、ＩＯＣ改革をスタートさせた年でもある。その結果、大規模なスポーツイベントの利権に巣食う『スポーツマフィア』のシンジケートは崩壊に追い込まれました」

ＩＳＬの破綻は、度を越えた事業拡大により自ら招いた側面が強かった。

ロス五輪後、ＩＯＣのいわば「総代理店」となったＩＳＬは、サッカーＷ杯にも進出し、放映権ビジネスに注力するようになる。その際、電通がバブル景気に沸く多くの日本企業をスポンサーに呼び込んだ。

１９９８年のＷ杯フランス大会まで、ＦＩＦＡは英ＢＢＣや日本のＮＨＫなどの公共放送に放映権を安価で売却していたが、２００２年の日韓大会から入札制を導入する。狙いは放映権料の吊り上げだ。一方、当時すでにＦＩＦＡの総代理店と化していたＩＳＬは、何としても放映権を手に入れたかった。

そこで、ＩＳＬは妙案を考え出す。ジョアン・アヴェランジェＦＩＦ会長と、彼の後継でのちに会長となるゼップ・ブラッターＦＩＦＡ事務総長に、２００２年と２００６年大会の放映権をセットで販売するよう働きかけ、その情報をあえて伏せるよう画策したのだ。この企みを知らないライバルの放送局は、高額の放映権を落札するために銀行の保証を得て資金を準備していたが、当然それは１大会分の放映権料のみだった。そのため、ＦＩＦＡが２大会分の放映権をセット販売することを明らかにしたタイミングで、出し抜かれたライバル局が莫大な資金を調達するのは不可能だったのだ。

こうしてＩＳＬが描いた策略によってライバルたちは入札から脱落し、１９９６年にＩＳＬはキルヒメディア（ドイツ）と共同でＷ杯２大会分の放映権を獲得することに成功する。ＦＩＦＡの思惑どおり放映権料は実に10倍にも吊り上げられたが、それでも世界的な人気スポーツコンテンツに成長していたW杯を手掛ければ、ＩＳＬは十分に利益を生み出せる算段が立ったのだ。

ところが、放映権料の異常な高騰は、思わぬ余波をもたらすことになる。ＩＳＬが放映権料を手に入れるためにＦＩＦＡ幹部に贈った賄賂の相場もまた高騰したからだ。のちにスイス司法当局が公表した捜査資料によれば、ＩＳＬはＦＩＦＡ幹部に１９８９年から２００１年までの間に１億３０００万スイスフラン（約１８９億円）の賄賂を贈っていた。

こうした事業拡大が裏目に出たことに加えて、春日が指摘するように改革路線に舵を切ったＩＯＣとの蜜月も終わり、２００１年5月、ＩＳＬは40億スイスフラン（約５８００億円）の負債を抱えて破産する。

春日が続ける。

「こうした情勢の激変によって、高橋もマーケティング活動の矛先を変えなければならなくなる。ＩＳＬ事業局長の立場にあった彼が１９９９年に関わった２００２年のサッカーW杯は、当初の日本単独開催から日韓共催への変更を余儀なくされ、あまりに料金が高騰したため放映権ビジネスも不調でしたし……。そんな手詰まり感が漂っていたタイミングで、高橋の慶應高校時代の後輩である竹田さんがJOCの新会長の有力候補として名前が挙がったのです。

高橋が事実上の後ろ盾となって誕生した竹田JOC会長は、彼にとって自らのステータスを維持するための新たな〝巾着〟（財布）となる。電通側にはJOC会長との太い人脈を喧伝し、JOC側には竹田新会長とのパイプを利用して強化した電通内での地位を誇示し、彼の権勢はどんどん強大になっていきました」

奇遇とはこのことを言うのだろう。筆者がニューヨーク・タイムズで働いていた頃、東京支局最大のスクープの一つがISLとFIFAの癒着による放映権談合事件だった。東京支局、ジュネーブ支局、ニューヨーク本社の合同取材となり、筆者が担当したのがISL事業局長を務めていた高橋治之だったのだ。築地にあった旧電通本社ビルの一室で高橋と向き合ったのは、まさしく2001年のこと。放映権談合のスクープ記事を印刷する輪転機が回っているちょうど同じ頃、ISL倒産の一報を聞いたのだった。

IOC改革とスポーツマフィアの追放

長い五輪の歴史のなかでも、1999年に発覚した「IOCスキャンダル」は五輪そのものの存続が危ぶまれるほどのインパクトをもたらした。2002年ソルトレークシティー冬季五輪の招致活動の過程で、大規模な買収が行われていたのだ。

招致委からIOC委員へ高額の金品が贈られただけでなく、IOC委員の側も自身の医療費や海外滞在費、個人的な買い物の費用、親族の進学や就職の斡旋など、さまざまな便宜を受けていたことが発覚。スキャンダラスな実態が明るみに出ると、10人のIOC委員が追放される事態に発展する。問われたのはIOC委員の倫理であり、IOCには世界から厳しい批判が浴びせられることになる。

綱紀粛正を急ぐIOCは、特別調査委員会を設置。公表した調査結果からは、便宜の多くは個人的な利益のためのものであり、一部のIOC委員の倫理観の甘さが五輪を招致する都市との慣れ合いを招いたことが窺える。

五輪招致活動で暗躍する「黒幕」の存在を明らかにして注目を集めることとなったIOCの調査結果は、五輪招致活動で招致都市から水面下で金品を受け取り、各国のIOC委員に投票を働きかける「エージェント」の存在にも言及していた。その実態は、現在も東京五輪招致を巡る贈賄容疑でフランス検察当局の追及を受ける高橋の姿に重なる。ソルトレークシティー冬季五輪の招致活動では、エージェントが金品の供与やさまざまな便宜を図ったＡＮＯＣＡ（アフリカオリンピック委員会連合）のジャンクロード・ガンガ会長やＯＣＡ（アジア・オリンピック評議会）のムタレブ事務総長がＩＯＣから追放された。

ＩＯＣスキャンダルを受けて、サマランチ会長は１９９９年末に開催した「改革総会」で倫理委員会を設置し、ＩＯＣ委員が招致都市を訪問することを禁じた。訪問を禁止する代わりに評価委員会が招致都市を視察し、報告書を公表することを決め、五輪招致活動は透明性重視の体制に姿を変える。この決定は、２００８年夏季五輪招致から適用され、現在も続いている。

ところが、透明性を担保することで不正を排除し、公平に招致を競うことを促した一連の対策は思わぬ副作用を生み出した。

招致都市への訪問を禁止され、招致委との接触を制限されたＩＯＣ委員は、どの都市で五輪を開催すべきかを判断する材料が極端に減ることになり、ＩＯＣ総会やそこで行われる招致都市の演説やプレゼンテーションなど、限られた機会でしか招致都市を評価せざるをえなくなったのだ。その結果、ＩＯＣ総会は招致都市を抱える国の政府要人や著名なアスリートが応援に駆けつけ、招致演説はより華やかに、よりドラマチックにショーアップされていく。近年、五輪開催都市を決めるIOC総会が、アカデミー賞やグラミー賞のようにエンターテインメント化しているのはこのためだ。

ロンドン、パリ、ニューヨーク、マドリード、さらにモスクワが2012年夏季五輪の招致を争った2005年のIOC総会には、ヒラリー・クリントン米上院議員、ジャック・シラク仏大統領といった政治家のほか、米国からは元ボクシングヘビー級王者のモハメド・アリ、英国からはサッカー選手のデビッド・ベッカムといった世界的に著名なスポーツ選手が出席し、自国の招致都市をアピールした。

華美になっていくだけならまだよかったが、問題なのはIOC総会やそこでのプレゼンテーションの比重が高まるにつれ、「五輪コンサルタント」が多大な影響力を発揮するようになったことだ。コンサルタントはIOCの内部情報を探って招致戦略を練り、プレゼンテーションを事細かに演出し、招致演説のシナリオまで作成するプロフェッショナルの集団である。クライアントの都市の五輪招致が成功すれば巨額の報酬を得るだけでなく、五輪招致を巡ってコンサルグループの評価が上昇し、次の五輪の招致に手を挙げた都市はさらに高額のコンサルティング契約を結ぶようになった。

1992年の「IOCスキャンダル」を受けてIOCが改革路線に舵を切ったのは事実

だが、五輪を開催したい招致都市と、そこに大きなビジネスチャンスを見出した黒幕が暗躍する構図は、IOC改革の後も変わっていない。東京五輪招致を巡り水面下で非合法な活動に手を染めた高橋もまた、そうした黒幕の一人にすぎなかったということだ。

「ひと区切り」となった特捜の捜査

2022年10月18日、高橋治之元組織委理事は五輪公式マスコット「ミライトワ」などのぬいぐるみを製造・販売したサン・アローから800万円の賄賂を受領したとして、再び逮捕される。この時点で逮捕は通算4回目の逮捕。賄賂は2019年6月にJOC会長を退いた竹田恆和の慰労会名目で集められたものだった。

11月9日には東京地検特捜部が、サン・アローから受け取った額がトータルで5400万円に上るとして受託収賄罪の容疑で追起訴。これで高橋に流れたカネはAOKI、KADOKAWA、大広などの5ルートで総額1億9800万円に達したことになる。これらの起訴をもって、特捜は捜査を「ひと区切り」とし、真相解明の舞台は法廷に移った。

検察内部の情報提供者が、捜査がひと区切りとなった理由をこう話す。

「特捜部内には、高橋を逮捕した当初の明るい雰囲気はありません。それも無理からぬ話で、連日特捜部にはOBなどから〝激励〟と称して、これ以上捜査を拡大しないよう忠告が入っていましたから……」

つまり、捜査の過程で横槍が入ったという話だが、これは捜査の要だった市川宏特捜部長の突然の現場離脱が大きく影響したようだ。

「市川さんは極秘裏に捜査を始めた春からの半年、一度も外食することなく健康に留意してきましたが、一番大事なときにコロナに罹ってしまいました。市川さんの戦線離脱は誰よりも本人が無念でしょう」

疲弊しきっていたのは市川特捜部長だけではない。捜査の区切りが見えたとき、特捜部内には嘆く声よりも「ようやく休める」という安堵の声のほうが大きかったという。それほど、戦後最大規模の汚職事件を追う特捜には強いストレスとプレッシャーが働いていたのだろう。

検察関係者が続ける。

「市川さんや森本さん（宏次席検事）のような捜査に前のめりなイケイケ組を、甲斐（行夫）検事総長が抑えていた。さらに、黒川（弘務）元高検検事長からも間接的な圧力があったようで、市川部長は『札幌五輪の招致活動が始まっているのに、旧宮家出身でJOC元会長の竹田（恆和）まで捕《と》ったら、今後は誰も五輪に協力してくれなくなる。責任を取れるのか？』とまで言われたようです」

捜査がひと区切りを迎えたのは、検察組織内部の圧力によるところが大きかったということだ。

「慶應のお友だち」を敵視する森

ところが、この検察関係者によれば、特捜は新たな事件ルートを作ることを「諦めていない」という。公訴時効（贈賄は3年、収賄は5年）という大きな壁が立ち塞がるものの、竹田恆和元JOC会長に連なる「慶應学閥ルート」、五輪汚職の核心とされる森喜朗元組織委会長に繋がる「神宮外苑再開発ルート」などがそれだ。

前にも触れたように、JOC元会長で五輪組織委副会長も務めた竹田恆和の兄・恒正と、五輪汚職の中心人物とされる高橋治之は慶應義塾高校の同級で、恆和からすると高橋は3学年上の先輩にあたる。

特捜はこの「慶應閥」が一連の汚職事件の温床になっていると見ているが、実は、この強固な学閥ネットワークを問題視していたのは特捜だけではない、当時、組織委会長の職にあった森元総理も同様だった。森は2017年4月に出版した『遺書 東京五輪への覚悟』（幻冬舎）のなかで、五輪開催を目指す同志であったはずの竹田元JOC会長への不信感を露わにし、繰り返し「慶應閥」について批判的な見解を述べている。

〈竹田さんはとても立派な方です。争いごとも嫌いだし、円満な人で、外国からもプリンスとして評価されているようです。旧皇族竹田宮家の出身で、皇室の縁戚でもある。それは尊重しなければならないのですが、あえて言いますが、問題は、自分のお友だちばかり、しかも出身の慶應の人たちばかりが周りを囲っておられることです。そして、竹田さんを周りの人たちが殿様にして、好き勝手なことをやっている〉（森喜朗著『遺書』）

今思えば、竹田の「取り巻き」に対する森元総理の警戒心は妥当だったと言えよう。森元総理が、五輪組織委事務総長の人選を巡って当時の経緯を述懐する際にも、竹田への不信感を隠そうともしない。

〈組織委員会の要ですから、各方面ににらみも利いて、なおかつ敵も少なく実務に明るいというと、そんな人はなかなかいないので、ひそかにかつ慎重にいろいろな方に相談をしていたら、竹田さんが驚くべき人を推薦してきました。これには私も驚きました。なんと麻生太郎（財務大臣＝当時）さんの弟（泰）さんを推薦してきたのです。《中略》なぜ竹田さんが麻生さんの弟さんを推したかというと、どうも慶應のお友だちだからではないかとの穿った見方もあります〉（同前）

事務総長の人事は、この後、麻生財務大臣に打診されたが「そんなことやれっこねぇじゃねぇか」と一蹴され、結局、武藤敏郎元財務事務次官が据えられたのである。

最強の学閥「慶應三田会」

森元総理が繰り返し指摘している慶應出身者の「繋がり」とは何なのか。

慶應閥の象徴として知られる慶應義塾大学の同窓会組織である「三田会」は、他大学のそれのような単なる同窓生が集う親睦会組織ではない。

「三田会」は、各同窓会組織を束ねる慶應連合三田会の下に卒業年度別の「年度三田会」、活動エリアごとの「地域三田会」、職域や所属する企業ごとの「勤務先別三田会」、そして「緒会」の４つに大別され、その数は実に９００近くに上る。地域三田会は全国各地に存在するのはもちろん、世界各国にも根を張っており、勤務先別三田会は日本を代表する企業に漏れなく存在し、慶應のライバルである早稲田大学にも慶應OBの職員が所属する「早稲田三田会」が組織されているというから、その広範なネットワークには驚くばかりだ。

大多数の三田会は実利を求めるというより、慶應のアイデンティティを確認する場となっているが、勤務先別三田会はビジネスの人脈づくりに利用されることが多くなっているという。その強力なネットワークはとりわけ経済界に顕著で、有力企業の多くに三田会が組織され、影響力は全業界に横断的に発揮されることも多い。

慶應義塾大学の「三田会」に対して、ライバルの早稲田大学も「稲門会」という同窓会組織を持つ。日本を代表する名門私立大学である早慶は何かと比較されるのが常だが、よく取り上げられるのが社長の数だ。

少々古いが2017年1月時点のデータを見ると、全上場企業3539社中、慶應が約350人、東大が約220人、そして早稲田は約210人と後塵を拝している。つまり、上場企業の10社に1社の社長を慶應出身者が占めているということだ。

慶應三田会に詳しいジャーナリストの田中幾太郎によれば、三田会のポテンシャルを示す数字があるという。2016年7月、帝国データバンクが興味深い調査結果を発表した。有限会社115万3907社の出身大学などを調べ、早慶を比較。これによれば、社長数のトップは日本大学、2位の慶應は1万1392社、3位が早稲田で1万789社と、単純に社長数を比べると早慶に大きな差は見られない。

だが、注目すべきはその内容だ。

創業から50年〜100年未満の企業の社長数は、早稲田が3499社であるのに対して慶應は4261社と上回る。さらに、創業100年以上の老舗企業になると早稲田の561社に対して、慶應は倍近い1008社と圧倒。また、年間の売上高を見ると、10億円以上の企業で社長が早稲田出身なのは2724社だが、慶應は3745社と凌駕している。これらのデータから読み取れるのは、慶應出身者が社長に就いている企業は、業界に影響力を持つ老舗企業で、且つ経営規模が大きいということだ。

三田会の性質をもっとも端的に表しているのが、社長就任の経緯の調査結果だろう。社長が創業者である割合は早稲田の30・3%に対して、慶應は21・2%。ところが、同族継承は早稲田の42・4%に対して、慶應は54・2%と過半数を占める。これらのデータが物語るのは、慶應義塾大学出身の社長には「老舗企業の跡取り」が多いという事実だ。世間が慶応ボーイに抱く「いいとこのお坊ちゃま」というイメージは、あながち間違いではなかったのである。

ただ、三田会メンバー自身による三田会の評価はやや違うようだ。港区三田会の相田英文常任理事はこう異を唱える。

「日本国内だけを見ていると、『三田会は圧倒的』と誤解を抱いてしまう……。米国の大学でＭＢＡ（経営学修士）を取得すると、卒業生は世界中で協力することを求められ、各国に散らばる同窓生の名簿を閲覧することができます。だから、例えば海外で事業展開する際、現地の卒業生にアポを取って、地域に入り込んでビジネスを行うことができるのです。つまり、三田会は欧米では当然のことをしているにすぎず、逆に、なぜほかの大学は世界や日本のために卒業生が貢献できる体制をつくらないのか不思議に思います。

とはいえ現実には、三田会はビジネスにはシビアで、アドバイスをすることはあっても、同窓だからといってすぐに直接取引をすることなどまずありません。私自身、起業した当初、コネで仕事がもらえると安易に考えて訪ねた慶應の先輩に相手にされず、失望した苦い経験があります。ただ、その先輩にビジネス上のレクチャーをいろいろとしてもらい、振り返ればこれが大いに役立ったのです」

五輪ゴルフ会場選定で暗躍した三田会

２０１４年6月、高橋治之が東京五輪組織委員会理事に就任すると、慶應義塾高校の同窓会組織「三田会」のゴルフ仲間は活気づき、早速、計画の実施に移った。東京五輪の公式競技であるゴルフを慶應ＯＢの掌中に収め、学閥の同志たちのみで甘美な果実を分け合う黙契に向かって、秘かにスタートを切った瞬間だった。

日本のゴルフ界における慶應学閥の力を象徴的に示す一葉の写真がここにある。４人の男たちが公益財団法人ＪＧＡ（日本ゴルフ協会）の応接室でほくそ笑んでいる。タイトルには「２０２０東京オリンピック、競技会場決定の舞台裏。」の文字がデカデカと躍り、ご丁寧に「私達の聖火」とも書いてある。４人の慶應カルテルの幹事役は「慶應高校開設70年事業募金委員長」の肩書も持つ高橋治之だ。その隣には、旧宮家竹田家の長男でＪＧＡ副会長の竹田恒正、同じく副会長でキヤノンマーケティングジャパン常務取締役の永田圭司、そして末席にはゴルフ解説者の戸張捷が並んで写真に納まり、我が世の春を謳歌している様子が見て取れる。

だが、東京五輪の閉幕から1年後、慶應カルテルの面々は顔色を失うことになる。周知のとおり、五輪汚職が発覚し、高橋元組織委理事が2億円を超える収賄の容疑で逮捕・起訴されたからだ。その後、五輪汚職は拡大。東京地検特捜部とこれに連携した公正取引委員会は、五輪テスト大会における談合疑惑に焦点を絞っていく。

それにしても、なぜ莫大な公金を掠取《りゃくしゅ》する談合が可能だったのか。その理由に迫るには、東京五輪のゴルフ競技会場選定を巡る不可解の数々を解き明かさなければならない。

競技会場に決まったのは、100年近い歴史を誇る関東屈指の名門コースの霞ヶ関カンツリー倶楽部（埼玉県川越市。以後、霞ヶ関CC）だ。1929年に黒須銀行（現・埼玉りそな銀行）創業者の発智庄平らが土地を提供し、日本ゴルフ界の草分けとなった先人たちの努力によって霞ヶ関CCが産声を上げる。1932年には18ホールが増設され、日本初となる36ホールの東西コースを擁するゴルフ場となった。戦後の1957年にはワールドカップの前身のカナダカップが開催され、日本オープンの開催は4回と国内最多を誇る。その歴史や実績からも日本における名門ゴルフ場であることに疑いはない。2017年に米国のトランプ大統領が訪日した際、安倍晋三総理の「ゴルフ外交」の舞台となったことも、存在を高める材料となった。

余談だが、このときの取材で筆者は同CCから「出入り禁止」を食らっている。理由は

慶應三田会の会報誌『JK Jukuko』より

トランプ大統領サイドの取材パスで敷地に入ったから、という不可解なものだった。

霞ヶ関CCは確かに「名門」と呼ばれるゴルフ場だったが、五輪の競技会場としては多くの問題を抱えていた。コンパクト五輪を掲げながら都心から50㎞も離れているうえ、アクセスの悪さからクルマで1時間以上もかかる。国内最高気温を記録した熊谷市が近く、コースが位置する埼玉県内陸部は国内有数の猛暑地域であり、夏季五輪の会場に適しているとは言い難い。実際、2012年2月に東京五輪招致委員会がIOCに提出した「招致申請ファイル」に記されたゴルフ競技会場は、東京都港湾局が所管し、江東区の臨海エリアに立地するパブリックコース・若洲ゴルフリンクス（以後、若洲GL）だった。それにもかかわらず、霞ヶ関CCが競技会場に決まったのは、慶應カルテルの暗躍があったからにほかならない。

女性差別の「細則」を隠蔽していた霞ヶ関CC

「慶應の連中が日本のゴルフを悪くしたんだ」

こう吐き捨てるのは、国内のゴルフトーナメントを主催・主管する日本ゴルフツアー機構元副会長の諸星裕である。1970年代から五輪やサッカーW杯など多くの世界的イベントでロビイストとして活躍。スポーツ大会の国際標準を熟知し、圧倒的な海外人脈も有する人物だ。

「プライベートコースである霞ヶ関CCの会員には、日本の錚々たるエリートや富裕層が名を連ねており、いわば高級会員制クラブのようなもの。なかでも目立つのが、慶應義塾大学の出身者です。多額の公金が投入される五輪の競技会場が、もともと金持ちの会員ばかりのゴルフ場に決定したことは、五輪の公共性を考えれば極めて不適切だった。そして、霞ヶ関CCを強く推していたのが慶應のOBたちです。確かに彼らが言うように、霞ヶ関CCはゴルフ場としてのクオリティは高く、名門として格式も高いかもしれないが、五輪では全選手が同じ条件で戦うのだから、会場を選定する際、コースの権威など何の関係もない」

当時、霞ヶ関CCへの競技会場の招致に精力的に動いたのが、竹田恒正JGA副会長と戸張捷JGA理事だった。五輪会場の選定はJOCの加盟団体であるJGAが行うものの、実質的に動いていたのは永田圭司JGA専務理事、そして、JOCの会長は恒正の実弟の竹田恆和……と見事なまでに慶應OBで占められている。さらに、霞ヶ関CCには彼らの画策を後押しする三田会ネットワークが築かれていたことを知る者は少なくない。その甲斐あってか、2013年9月、五輪の東京招致が決定するとともに、霞ヶ関CCはゴルフ競技会場の最有力候補に押し上げられ、都立のゴルフコースである若洲GLは候補リストから外される。ところが、この不可解極まりない決定の理由や経緯が説明されることは一切なかった。

会場の選定が行われていた当初、若洲GLが競技会場の最有力候補だったのは、いくつもの好条件が揃っていたからだ。

アクセスが選手村から6㎞と至近で、クルマなら5分で到着可能。東京駅や羽田空港からも15分と抜群の好立地なうえ、ヘリポートが隣接し、緊急時の医療体制も整っている。2017年にJGC（日本ゴルフ改革会議。大宅映子議長）が行った調査によれば、懸念される大会開催中の最高気温は直近3年の平均で、内陸部の霞ヶ関CCが35・87℃なのに対して、臨海部に位置する若洲GLは31・88℃と若洲GLのほうが清涼だった。さらに、東京湾に浮かぶように立地する若洲GLには一年を通じて海風が吹き、選手や観客の体感温度を下げてくれる。一方の霞ヶ関CCは、猛暑のため夏季にはジュニア大会にコースを開放しているほどだ。

さらにいえば、若洲GLは都営なので利用料がかからず、当初、目指したコンパクトで低コストの東京五輪の理念にも適う。民間のゴルフ場である霞ヶ関CCを使用した場合、大会開催中の営業ができないために、休業補償を支払わなければならない。JGCの試算によれば、休業補償の額は霞ヶ関CCの約15億円に対して若洲GLは当然ながらゼロだ。

これを裏づけるように、前出の諸星は霞ヶ関CCの内情を明かした。

「東京五輪のゴルフ競技は7月末から8月初旬にかけて行われるが、この時期、霞ヶ関CCは例年猛暑に見舞われており、ゴルフどころじゃない。そもそも霞ヶ関CCのメンバーでさえ、7月半ばから8月は暑さを敬遠して軽井沢のゴルフ場でプレーしているほどですから。つまり、もともと客が少なくなる閑散期に五輪競技を呼び込んだようなものです」

会場の事実上の決定から実に1年以上を経た2014年10月、永田JGA専務理事がようやく競技会場の選定基準と経緯を明かした。

その基準とは、①国際競技の開催実績があるコース（7000ヤード超）、②36ホール以上、③選手村から6㎞以内、④1日1万5000～2万人以上の収容能力――の4項目。若洲GLは①②④に該当せず、霞ヶ関CCが第一候補に浮上したという。だが、この4つの基準はそもそも東京五輪招致委が独自に設けたもので、IGF（国際ゴルフ連盟）のそれとは大きく異なる。

しかも、永田が主張する選定基準は事実に即していないのだ。

例えば、①については若洲GLでは、かつて7000ヤードを超えるポカリスエットオープンが開催されていたし、PGA HANDA CUPフィランスロピー障害者ゴルフ大会も行われている。②についても、2016年に開催されたリオ五輪のゴルフコースは18ホールだった。③は、むしろ基準をクリアしているのは若洲GLのほうだ。④についても日本ゴルフ改革会議の試算では、若洲GLでも十分観客を収容可能だった。

つまり、永田と戸張は、若洲GLを除外して、何としてでも霞ヶ関CCを選ぶための基準を設けた疑いが濃厚なのだ。

ところが、そんな慶應カルテルの画策に「待った」をかけるゴルファーたちが現れた。JGCの面々である。2014年、大宅映子議長をはじめ、諸星裕、ジャーナリストの盤瀬誠一、スポーツ評論家の玉木正之、プロゴルファーのタケ小山、そして筆者も名を連ねるJGCは、非営利団体としてゴルフに関するさまざまな問題に取り組み、そうした調査を通して霞ヶ関CCの暗部を炙り出すことになる。

五輪ゴルフ競技会場が決定してから3年余りが過ぎた2017年2月、霞ヶ関CCが正会員を男性に限定していることが「女性差別」として問題視され、IOCが改善を要求する事態に発展する。これを受けてJGCは、東京都の小池百合子知事、五輪組織委の森喜朗会長、そしてIOCのバッハ会長に直接申し入れを行い、要望書を提出。これを受けて、大会組織委、JOC、JGA、IGFも霞ヶ関CCに対し、連名で女性の正会員を認めるよう要望書を追って出している。

霞ヶ関CCでは、総会などで議決権のある正会員になれるのは男性に限られ、約1250人の正会員全員が男性である。女性が得られる資格は休日にプレーすることができない「週日会員」か、正会員の妻に認められる「家族会員」のみだった。ジェンダー平等が求められる近年、旧態依然とした女性差別の細則を堅持するゴルフ場が、五輪の競技会場にふさわしくないことは言及するまでもないだろう。

だが、問題はこれにとどまらなかった。同年2月半ば、五輪招致委がIGFを通してIOCに提出した霞ヶ関CCの英訳資料から、女性差別の「細則」が除外されていたことが発覚したのだ。東京への五輪招致に不利になる情報を意図的に隠蔽したのは明らかであり、「一度決まってしまえば、後はどうにかなる」というお粗末な算段が透けて見える。

こうした混乱を受けて、3月にはバッハIOC会長が「女性が正会員になれない状況が変わらなければ、会場を変更する」と最後通牒を突きつけた。JGCは日本外国特派員協会で会見を開き、これが報じられると世界的な大スキャンダルに発展。その結果、3月20日になって、霞ヶ関CCは臨時理事会でようやく女性の正会員を認め、事態は収束に向かったのである。

早稲田大学大学院スポーツ科学研究科でトップスポーツマネジメントを修めたプロゴルファーのタケ小山は、当時、次のように指摘している。

「閉ざされたプライベートコースの霞ヶ関CCと違い、若洲GLは開かれたパブリックコースで老若男女がプレーできる。一方、霞ヶ関CCで大会を開催すれば、五輪の全28競技中、ゴルフだけが公共性のない会場ということになる……。JGAは違和感を覚えないのだろうか。五輪終了後のレガシーも大事だが、そもそも霞ヶ関CCは会員制の閉ざされたゴルフクラブなので一般人はプレーすることができません。日本のゴルフの未来を真剣に考えれば、ゴルフは一部の富裕層のものではなく、大衆に開かれたスポーツになるべきなんです」

実際、この後、タケ小山はJGCのアジェンダに、五輪開催後は若洲GLでパラリンピックも開催し、東京のレガシーとなるゴルフパークとして都民に開放、「ゴルフ殿堂」を建立するプランを披露している。

ゴルフ会場選定の裏側

多くの問題を抱える霞ヶ関CCを五輪競技会場とすることに、なぜ慶應カルテルは固執したのか。自分たちの手で五輪会場に導いた、というエリート特有のプライドを満たすためもあっただろう。当初、ゴルフ競技会場の最有力候補だった若洲GLから霞ヶ関CCへの不可解な変更には、莫大な利権が絡んでいたという見方が一般的だった。

三田会の実態に精通し、霞ヶ関CC問題を追及していた前出の田中幾太郎はこう明かす。

「当時、取材した広告代理店幹部は『霞ヶ関CCと若洲では、放映権料が変わってくる可能性がある』と明かしています。霞ヶ関CCは〝伝説のコース設計者〟として世界的に評価の高いチャールズ・ヒュー・アリソンの手が加わっており、過去には日本で初めてゴルフワールドカップが開催された実績もある。つまり、売りになるエピソードが山ほどあるわけです。これに対して、1990年に完成した若洲は歴史が浅く、エピソードにも乏しい。そして、霞ヶ関CC推進派の慶應一派には高橋治之五輪組織委理事が参謀的なポジションで加わっていた。『彼の人脈を駆使すれば、莫大なカネが動く可能性が高い』と、取材した広告代理店幹部は語っていました」

この章の途中で触れた一葉の写真は、２０１５年に発行された慶應義塾高校の同窓会会報誌『ＪＫ Ｊｕｋｕｋｏ』に掲載された特別座談会での1コマだ。この座談会では、慶應カルテルの4人が東京五輪のゴルフ競技会場を選定した「談合」の裏話が語られ、自慢げに笑顔を見せる4人が納まった写真は「自分たちが霞ヶ関ＣＣに決めた！」と快哉を叫んでいたときのものだ。6年後に五輪汚職疑惑が露呈するとは、微塵も考えなかったのだろう。

彼らにとって幸運だったのは、五輪の私物化を堂々と宣言し、自らの談合を誇るかのように語っていた慶應義塾高校のＯＢ4人組には公訴時効が成立していることだった。

第4章 30年前の邂逅 ～早稲田の森と慶應の高橋～

〝スポーツ界の首領〟

2019ラグビーW杯の日本招致に尽力するなど、森喜朗元総理は政治の世界に身を置きながらも、何かにつけて自身の過剰なまでのラグビー愛をそこかしこで披露してきた。

森の著書『あなたに教えられ走り続けます』（北國新聞社）によれば、もともと野球少年だった森がラグビーに目覚めたのは、小学5年のときだったという。OBである父親の招きで、地元・石川県根上町で早稲田大学ラグビー部が合宿を行っていたが、そのひたむきに猛練習する姿を見ていっぺんで虜になったのだ。

そして、父親に「将来、早稲田でラグビーをやるために金沢の中学校に通わせてほしい」と懇願し、越境入学までしている。その後、石川県立金沢二水高校に進学。そこでラグビー漬けの3年間を終えると、まったく受験勉強をしていなかった森は、「アイドルの広末涼子さんが早稲田の教育学部に合格した自己推薦入学制度と同じようなシステム」を使って、念願の早稲田大学商学部に入学を果たしたという。だが当然のことながら、森の入学当時はそんな自己推薦入学制度など存在しない。何のことはない、大学の体育局推薦という「コネ入学」で夢を叶えたということだ。

ところが、全国からトップレベルのラガーマンが集まる早大ラグビー蹴球部のレベルは高く、「練習についていくのがやっとで、肉体的にも精神的にもボロボロになった」（同）森は、わずか4か月で退部を余儀なくされる。

大学卒業後は、産経新聞を経て1969年に政界に転身。いつしか〝スポーツ界の首領〟といわれるほどの隠然とした力を発揮するようになる。不可解なのは、早稲田大学ラグビー部出身を売り文句にし、政治家の登竜門といわれる早稲田の看板サークル「雄弁会」（弁論部）の副幹事長まで務めた森が、東京五輪の招致や運営に際しては、早稲田のライバルである慶應の出身で、三田会人脈も豊富な高橋治之を重用したことだ。

ここで、森と高橋を古くから知る人物を紹介しよう。2人の関係を間近で見てきた数少ない歴史の「生き証人」・山口敏夫元労働大臣だ。森の政治家としての資質を疑い、利権体質を厳しく批判してきた山口は、2016年の東京都知事選挙に出馬すると、森元総理による五輪の私物化を糾弾。組織委会長職の即時辞任を激しく訴えていた。

実は、筆者も同年に行われた都知事選に立候補し、際限なく膨張し続ける東京五輪の予算問題で山口と行動をともにしている。

当時、組織委が入居した虎ノ門ヒルズ森タワーの家賃があまりに高額だとして批判の声が高まっていたが、山口は選挙戦のさなかこのビルの前まで駆けつけ次のような演説をぶった。

「森喜朗君！　そんなところにいないで、出てきなさーい！　森君、君はいつも逃げ回っている。安倍晋太郎さん（安倍晋三元総理の実父、外務大臣や官房長官を歴任）が危篤のときもそうだった。小渕（恵三）総理のときもそうだった。今回もまた君はこそこそして、月額6000万円の高額家賃のそんなビルの8階に逃げ隠れているのではないのか？」

「小渕総理のときも」というのは、脳梗塞で倒れた小渕元総理の後継として、森擁立が「自民党五人組」の密室談合によって決められたあと、マスコミの追求から逃げ回っていたときのことを言っているのだろう。

完成したばかりの虎ノ門ヒルズでそう舌鋒鋭く叫んでいた山口は、その後噴き出した五輪を巡る汚職事件についてどう見ているのか。

「週刊誌などが独自に調査報道を行っているのと違い、新聞は検察からのリーク報道に終始している。情報が出尽くしたら捜査は終了だが、特捜が記事を書かせているうちは、まだ『上』の獲物を狙っていると見ていいでしょう……。

今回、贈賄側企業の関係者の多くが起訴事実を認めている一方で、収賄側の高橋元組織委理事は一貫して容疑を否認している。仮に、特捜が勾留延長を繰り返し、取り調べが1年に及んでも彼は認めなかっただろう。実際、五輪汚職の『第一幕』は、全面否認したまま舞台を法廷に移すことになった」

この言葉に説得力を感じるのは、山口に服役の経験があるからだ。

１９６７年の衆議院選挙に無所属で初当選を果たした山口は、自民党から新自由クラブ、復党した自民党から新進党、さらにその間に無所属と渡り歩いたことから「政界の牛若丸」と呼ばれ、１９８４年の第２次中曽根内閣では労働大臣を務めた。

衆議院議員10期目を務めていた１９９５年、山口はいわゆる「二信組事件」で逮捕され、東京地検特捜部に苛烈な取り調べを受けている。バブル崩壊後の荒んだ時代、メディアは今よりずっと感情的、煽情的で、生贄を探し求めるように常に殺気立っていた。天国から地獄へ突き落とされた「バブル紳士」たちへの攻撃はそうした空気のなかで始まり、山口もターゲットの一人となったのだ。裁判では懲役3年6月の実刑が確定したが、１年７か月余り獄に繋がれただけあり、山口の言葉には重みがある。

「高橋が逮捕されたとき、もっとも怯えていたのは森君だろうね。『サメの脳ミソ』と揶揄される彼でも、よくよく考えたら、巡り巡って『次はオレかも』と怖くなったのでしょう。高橋逮捕の一報を聞いた途端、病院に入院したくらいだし、相変わらずの『ノミの心臓』ぶりだった」

サメの脳ミソ、ノミの心臓

サメの脳ミソ、ノミの心臓——。

森は総理在任時代、メディアから折に触れてそう揶揄された。前者は図体が大きい割にオツムが足りないといった意味で使われ、後者は気の小さい臆病者を指すからかいだ。

なかでも、「ノミの心臓」「サメの脳ミソ」と言われた森を繰り返し痛烈に批判していたのが、反権力を謳った今はなきスキャンダル誌『噂の眞相』（故・岡留安則編集長、2004年4月休刊）と講談社の発行する『週刊現代』や『FRIDAY』だった。

『噂の眞相』は2000年6月号で「『サメの脳ミソ』と『ノミの心臓』を持つ森喜朗〝総理失格〟の人間性の証明」と題した記事を掲載。森が早稲田大学在学中に売春等取締条例で検挙された過去があると報じている。一方、『週刊現代』と『FRIDAY』にも当時の週刊誌ジャーナリズムの勢いを感じさせる記事が多い。ここにいくつか見出しを列挙するが、森の総理在任386日のうち、退陣までの残り半年だけ切り取っても、頻繁に森をあげつらう記事が掲載されているのがわかる。

「完全実況中継　森喜朗首相「長男」が美女たちと乱痴気誕生パーティー」（『FRIDA

Y』２０００年11月17日号）
「サイテー最悪政権は崩壊へ　ヤケクソ大逆襲　森首相がオフレコで〝派閥の領袖〟をボロクソ大批判」（『週刊現代』２０００年11月18日号）
「サイテー男『森喜朗』アホバカ・パフォーマンス大全　失言、放言、醜聞にまみれて」（『FRIDAY』臨時増刊２０００年12月18日号）
「森首相のクビが飛ぶ『暴力団関係者との問題写真』これが決定的証拠だ」（『週刊現代』２０００年12月23日号）
「超高級『吉兆』で3時間！　森喜朗首相『連日忘年会』の呆れた行状　11日間に宴会15回『官邸に杯がないのはおかしい』だと」（『FRIDAY』２００１年1月5日号）
「常人には理解不能　森喜朗首相を精神解剖『幼稚・短絡・無神経』はここまで度し難い」（『FRIDAY』２００１年3月2日号）
「もうガマンできないッ！『森喜朗のバカ』全部書く！『ハワイ沖衝突事故』人命よりゴルフ・その会員権はタダもらい」（『週刊現代』２００１年3月3日号）

公人といえども、言われる側からすれば心を痛める表現が多用されている印象だ。現在、同様の見出しを書いたら名誉毀損になりかねない記事も散見される。ただ、かくいう筆者も、ある意味〝共犯者〟であった。米ニューヨーク・タイムズ時代に森元総理を扱った際、「サメの脳ミソ、ノミの心臓」というフレーズを世界中に発信していたのだから。この一件以来、森事務所から出入り禁止を食らっているのは当然なのかもしれない。

五輪スポンサーから排除された講談社

2000年5月に小渕恵三総理が脳梗塞で倒れ、青木幹雄官房長官、村上正邦参議院議員会長、野中広務自民党幹事長代理、亀井静香自民党政調会長、そしてこれに森自民党幹事長を加えた、いわゆる「自民党5人組」による密室人事で森が総理に選ばれて以降、多くのメディアが総理就任の経緯を厳しく追及してきたが、なかでも講談社が発行する雑誌の誌面にはこんな辛辣な見出しが毎週のように躍っていた。

この積年の恨みを、森はずっと忘れずに胸の奥にしまっていたのだろう。

2022年9月14日、五輪公式スポンサーに選定するよう組織委に便宜を図った見返りに、高橋治之元組織委理事に賄賂を贈った贈賄容疑で出版大手KADOKAWAの角川歴彦会長が逮捕されたが、『週刊文春』2022年9月15日号によれば、新型コロナウイルスの感染拡大により五輪の開催延期が正式決定する直前の2020年初春、角川が逮捕される2年半前に、森は講談社に対して敵意剝き出しの言葉を残していたという。

当時、膨らみ続ける東京五輪の予算への批判が高まるなか、大会の運営について組織委会長の森と開催都市トップの小池百合子東京都知事が対立し、激しく火花を散らしていた。『週刊文春』の取材に応じた森が小池への不満を露わにする様子が、音声データとして記録されている。

〈私の組織委員会を、何をもって伏魔殿だとか、悪の巣窟だと言われるのか、納得できないよ〉

そして、取材が終盤に差しかかり、怒りのボルテージを上げた森はこう切り出した。

〈俺も喧嘩すると絶対にしつこいから――〉

だが、「喧嘩」の相手は小池都知事ではなかった。

そもそも、どのような経緯でKADOKAWAは出版カテゴリーの大会スポンサーに選定されたのか。高橋元理事が再逮捕される前日の9月5日、角川会長は緊急記者会見を開き、こう説明していた。

「僕らが入ったときにはすでに別の社も立候補していましたから。先行してですね。ですからそのときには、そういう出版権の話はもう決まっていたんだと思いますよ。こんなの出版業界のためにやるんだから、一緒にやるべきじゃないの？　って言ったんですよ」

ところが、いつの間にかスポンサーはKADOKAWA一社に絞られていったという。

「先行している出版社が降りちゃったんですよ。だから、KADOKAWAだけだから、KADOKAWAに来るに決まってるんですよ」

この「降りちゃった」出版社こそ、講談社だったのだ。

講談社は1964年の東京五輪で、出版業界のトップとして組織委への寄付やポスター集の制作などで大会に貢献した経緯があり、2度目となる東京五輪でも早くから公式スポンサーの就任を検討していた。しかも、現在の野間省伸社長は、同じ慶應義塾大学出身の高橋元理事とは2人で銀座の高級クラブを訪れるほどの仲である。組織委内部での高橋の力と出版界での存在感を考えれば、講談社がスポンサーに選定されても何ら不自然ではない。

さらに、高橋自身が2016年12月、『週刊文春』の取材にスポンサー選定に関する森の姿勢をこう断言していた。

〈あの人（森氏）は知識がないから。その分野の。それは僕に任せた〉

つまり、高橋はスポンサーの選定に際して、森組織委会長から「全権委任」されていたのだ。にもかかわらず、講談社はスポンサーに選ばれなかったことになる。

なぜだったのか。その答えが、前述した2020年初春の取材音声データに残されていたという。

「俺も喧嘩すると絶対にしつこいから」という言葉に続けて、森はこう言い放った。

〈講談社だけは絶対、私は相容れないんですよ〉

森の「喧嘩」の相手は講談社だったのだ。そして、こう続けた。

〈『現代』はもちろん。それはあることがあって、俺の全然デタラメなのが出やがって〉

『現代』とは、もちろん講談社が発行する『週刊現代』を指す。「俺の全然デタラメなの」とは、同社発行の『週刊現代』や『FRIDAY』による森のバッシング記事だったことは想像に難くない。実際、森の側近もこれを認めている。

2回目となる東京五輪の国内スポンサーからの収入は、五輪史上最高となる3761億円に上った。これに大きく寄与したのが、IOC（国際オリンピック委員会）が1984年のロス五輪から堅持してきたスポンサーは「1業種1社」の原則を撤廃したからだ。この歴史的なルール変更を主導したのが高橋だった。高橋は『週刊文春』の取材に、原則撤廃の舞台裏をこう明かしている。

〈「2社あってもいいんじゃないですか」と森さんに言うと、「そりゃそうだな」と。だか

らいまお金が結構集まってるの〉

ところが、出版カテゴリーの公式スポンサー枠は「1業種2社」にはならなかった。その理由を、森自らが明けすけに話している。

〈私がこの間、組織委員会になってから、ある会社が契約のアレをしたいと言うので、何をやるのかと思ったら、相手が講談社だった。私は「絶対認めない」と言った。何かって、「俺はこんなものを認めるなら辞めようと思う」と言ったら、みんなビックリして。それのキーになる企業が来て、「何なんですか？」と言うから、「それだけ言っておけばいいよ」と言ったら、さすがに諦めて、講談社をやめて別の出版社を連れてきたけどね〉

自らを批判する記事を書かれていた遺恨から、講談社が排除されたことを森自身が認めたのである。

森の総理就任を決めた「自民党5人組」の嘘

ただ、講談社の週刊誌のどの記事が森の逆鱗に触れたのかについては、さまざまな見方がある。『週刊文春』は、早稲田大学学生時代の買春疑惑や、元石川県議だった長男（故人）

に関する黒い噂を報じたからではないかと推測しているが、『FRIDAY』『週刊現代』の編集長を歴任した元木昌彦は、これらの記事を最初に報じたのは『噂の眞相』だったとしてこの見立てに異を唱え、自説をこう述べている。

〈森が心底怒って、講談社を目の敵にしたのは、フライデーが2000年6月2日号で報じた、「総括スクープ　青木幹雄官房長官の自作自演の首相臨時代理就任で始まった森〝火事場ドロボー〟政権の『憲法違反』を暴く　故・小渕恵三首相の『病床写真』を公開する」だったと思う。これはフライデーの歴史の中でもベスト10に入る大スクープである〉（日刊ゲンダイDIGITAL 2022年9月18日）

2000年4月2日未明、小渕恵三総理が小沢一郎自由党党首との会談後に脳梗塞で倒れ、順天堂大学医学部附属順天堂医院に緊急入院する。青木幹雄官房長官、森喜朗幹事長、野中広務幹事長代理、村上正邦自民党参議院議員会長、そして亀井静香政調会長の自民党幹部の5人が、小渕の後継を決めるために赤坂プリンスホテルに集まった。病室に駆けつけた青木に小渕が言った「万事よろしく頼む」との言葉を「小渕の遺言だ」として、青木は自分が総理臨時代理に指名されたと強弁する。そして、「自民党5人組」は密室の談合で、森を次期総理に決めてしまうのだ。

脳梗塞を発症し意識を失っていた小渕に、果たして話すことなどできたのか……。メディアや野党は疑惑として厳しく追及する。その後、同年5月14日、小渕は死去し、真相は闇に葬り去られたかと思われた。

ところが、『FRIDAY』がスクープした一葉の写真が、自民党5人組の嘘を白日の下に晒したのだ。元木は当時をこう振り返った。

〈集中治療室に人工呼吸器をつけて横たわる小渕首相の姿を見れば、後継指名などできる状態でないことが分かる。「森喜朗政権には正当性がない」と烙印を押したのである。正当性のない政権が長続きするはずはない。在任中も、「ノミの心臓、サメの脳みそ」と囃され、森は1年であっけなく首相の座を追われるのである〉

スクープを放った媒体の当事者だけに、元木の言葉には説得力がある。振り返れば、「自民党5人組」が密室人事で森を次期総理に決めたことこそが、のちに続くバッシング記事が続々と報じられる原因だったのだ。

森の総理在任当時、朝日新聞を筆頭にリベラル色の強いメディアは、2000年に森が神道政治連盟国会議員懇親会で行った、いわゆる「神の国」発言をはじめとする特有のリップサービスを「失言」と断罪するなど、大規模なネガティブキャンペーンを展開していた。「日本の国、まさに天皇を中心としている神の国であるぞということを国民の皆さんにしっかりと承知していただく。そのために我われが頑張ってきた」

当時の世相もあったのだろう。この森の発言は「政教分離の原則に反する」「軍国主義への回帰だ」などと猛反発を受けたが、総理在任当時にたびたび見受けられた政治的資質の欠如はそのまま五輪組織委会長の森にも引き継がれたと見ていい。

こうして森の私怨によって出版カテゴリーのスポンサーは2社になることはなく、2019年4月、KADOKAWA1社だけが選ばれたのである。しかし皮肉なことに、五輪が閉幕した1年後、スポンサー選定で便宜を図った高橋は受託収賄容疑で、角川歴彦会長は贈賄容疑で逮捕された。だが、すべての元凶となった森には今のところ司直の手は及んでいない。

ただ、私怨など恣意的な思惑で講談社にスポンサー契約の辞退を強く迫った場合、森は業務妨害罪に問われる可能性がある。また、たとえ森が金銭を受け取っていなくても、高橋元理事がKADOKAWAから賄賂を受領していることを知ったうえで講談社にスポンサー契約の辞退を迫っていた場合は、収賄の共犯になる可能性がある。「みなし公務員」である五輪組織委会長には高い公平性、公益性が求められるからだ。私怨で特定企業を排除する森には、五輪団体のトップに立つ資格はもとよりなかったのである。

30年前に遡る森と高橋の接点

森元総理と、森が「アイツは使える」と全幅の信頼を寄せてきた高橋治之との関係が、五輪汚職の温床になっている。組織委内で絶対的な力を持つ2人は、安倍晋三元総理という後見を得て、さらに影響力を増大させていった。事件のきっかけとも言える森と高橋、そして安倍元総理を結ぶ接点はどこにあったのか。

五輪招致の30年前、彼ら3人を繋いだキーパーソンが存在していた。そう、その人物こそ山口敏夫元労働大臣だったのである。東京五輪が汚職に塗れる遥か前、森と高橋にどんな接点があったのか。山口はこう当時を振り返る。

「バブル期に、高橋の実弟で、不動産会社イ・アイ・イ・インターナショナルを率いて莫大な利益を上げ、『環太平洋のリゾート王』『バブルの帝王』などと呼ばれた治則と親しくなり、私は弟の治則を『ノリ』、兄の治之を『ハチ』と呼ぶくらいの仲でした。2人と森君を引き合わせたのは、実は私なのです。当時、治則と私が1980年代末に始めたのが『安倍晋太郎を囲む会』。この会合で森君と兄・治之は出会ったのです」

高橋兄弟の弟の治則は慶應義塾大学を卒業後、日本航空に入社。北海道テレビの社長を務めるなど「北海道の政商」といわれた岩澤靖の次女と結婚し、これをきっかけに197

6年に実業家に転身する。治則は実父の経営する電子部品輸入商社のイ・アイ・イ社を立て直すと、1985年のプラザ合意による円高ドル安の追い風を受けてリゾート開発に進出。プライベートジェットで世界中を飛び回り、買い漁った土地建物など不動産の総資産は優に1兆円を超えるなど、治則は「環太平洋のリゾート王」ともてはやされることになる。

山口の回想が続く。

「晋太郎さんを総理にするために開いたこの会合には毎回、政治家や官僚、それに晋太郎さんの門下だった森君らが参加し、政治家と接触したい兄・治之も電通の幹部を連れて顔を出すようになっていた。ところが、酒席が苦手な弟・治則や森君を嫌う晋太郎さんの足が遠のき、私も行かなくなると、会は森君や治之らが交流する場に姿を変えていく。2人の関係は、東京五輪の招致が決まる30年も前から始まっていたのです」

そして、バブル景気の崩壊前夜、高橋治則は凋落の一途を辿る。

1990年に大蔵省（現・財務省）が、不動産向け融資を抑える総量規制を導入すると、イ・アイ・イ社は急速に資金繰りが悪化。日本長期信用銀行（長銀）の管理下に入るも、1993年には支援が打ち切られた。再建を目指す治則は、かつて理事長を務めるなど関係の深かった東京協和信用組合と安全信用組合から迂回融資を受けたが、十分な担保を取らず380億円もの不正融資を繰り返していた二信組も1994年に破綻に追い込まれるのだった。バブル期を象徴するこの「二信組事件」では、高橋治則と山口らが背任容疑で訴追されることになる。一方、治則の実兄である高橋治之に司直の手が伸びることは、このときはなかった。

第5章

特捜の再始動

五輪テスト大会の入札談合疑惑

五輪汚職の捜査は、高橋治之元五輪組織委理事の4度目となる起訴で「ひと区切り」したかに見えた。ところが、晩秋の日曜の朝、第二幕が切って落とされる。2022年11月20日付読売新聞朝刊にはこんな見出しが躍った。

「五輪事業 談合疑い テスト大会 電通など受注調整」「東京地検が捜査 総額5億円」

広告大手・電通など9社と1事業体が落札したテスト大会の運営事業の競争入札で、独占禁止法違反（不当な取引制限）にあたる受注調整が行われた疑いがあると見て、特捜が公正取引委員会と連携して捜査に乗り出していたのだ。

契約額は1件当たり4000万から6000万円で、総額は5億3000万円に上る。「第二幕」で特捜は何を狙っているのか。

地検の関係者の一人が、捜査の内情についてこう話す。

「高橋の贈収賄案件は収賄額が2億円に積み上がり、実刑に持ち込めると見ています。ただ、高橋案件でもいくつかの個別の贈収賄は公訴時効が成立し、起訴できなかったように時効の壁は高い。そのため、特捜は新たな『事件』を探していました。というのは、今回の電通（五輪テスト大会）案件なら、実質的に時効が延長できるに等しいからです。捜査終結との声もありましたが、公取との連携による新たな事件の構築で特捜内部は気持ちを新たにしています」

五輪のテスト大会は2018年から2021年にかけて、計56回行われた。公取委と連携した特捜は、テスト大会の談合を独禁法違反と認定させ、事件化を狙っている。談合の時効は5年。仮に2021年の談合が認められれば、理論上は最長で2026年まで捜査が可能になる。

検察のもう一つの狙いは、官製談合防止法を適用できるまで事件のフェーズをもう一段階引き上げることだった。実は、この談合事件は、落札した広告大手・ADKがリーニエンシー（課徴金減免制度）に基づき、受注調整があったと自主申告して発覚している。課徴金減免制度とは、事業者が自ら関与した入札談合やカルテルの事実を公取委へ申告し、証拠資料を提出することにより、制裁措置が免除、あるいは減免される独占禁止法上の制度だ。早期に申告した事業者ほど減免が優遇され、最大5社までこの制度の恩恵を受けられる。日本では2006年1月の改正独占禁止法施行により初めて導入された。

つまり、リーニエンシーを申し出た企業は、司法取引に応じて自首したのも同然なのである。組織委の関与も明らかになった今、検察の真の狙いは、業者間の単なる受注調整にとどまらず、より悪質な官製談合での立件にあったのだ。高橋は組織委理事、すなわち「みなし公務員」として罪に問われた。組織委会長を務めた森元総理、副会長だった竹田恒和元JOC（日本オリンピック委員会）会長も、同じく「みなし公務員」だ。照明が落とされ終演を迎えたかに見えた物語は、ここから新たな闇に光が当てられることとなる。

特捜の再始動

特捜が再始動した——。

五輪テスト大会の入札を巡り、発注側の五輪組織委員会と受注側の大手広告会社など9社と1共同事業体の間に談合の疑いが強まったとして、東京地検特捜部は独占禁止法違反容疑で捜査を開始。2022年11月25日、電通本社の強制捜査を皮切りに、28日には博報堂や東急エージェンシーなどにも捜査が入り、五輪汚職事件は広告代理店トップ10のうち4社が関与する前代未聞の大疑獄事件に発展しつつあった。談合の疑いがかかるのは、2018年に実施したテスト大会における26件の入札。落札総額は5億3800万円に達する。

電通には、4か月前にも高橋元組織委理事による贈収賄事件の関係先として特捜の家宅捜索が入ったが、第二幕となった談合事件はかなり様相が異なる。これまで電通や代理店は参考人にすぎなかったが、今回は被疑者として捜査対象となったからだ。
「7月の捜査ではパソコンを20台ほど押収された程度でしたが、今回は『逮捕者が出る』と社内で囁かれています。スポーツ局には暗いムードが漂っています」（電通社員）
テスト大会の本来の目的は、五輪本番と同じ会場で運営や警備の問題点を洗い出し、本大会に生かすことだ。しかし現実には、実務を担う組織委大会運営局が広告会社など9社の希望する競技会場や入札参加の意向を聞いて回り、「割り振り表」を作成していた。つまり、本事案は単なる業者間の受注調整にとどまらない。実際、26件の入札のほとんどを、参加企業が1社のみの「1社応札」が占め、入札はほぼ「割り振り表」のとおりに行われていた。
9社が躊躇なく談合に参加したのは、テスト大会に応札すれば漏れなく本大会でも事業を落札できるというおいしい噂があったといわれている。実際、噂は現実となる。受注業者は、テスト大会だけでなく本大会の運営業務を組織委から随意契約で請け負っていたのだ。受注総額は、公表されているだけでも約200億円に上る。しかも、予定価格より3割も膨張していたというから、落札した業者にすればこれほどうまい話はない。無論、「五輪カルテル」に加わった彼らが得る報酬の原資は、取りっぱぐれのない税金だ。

一方、特捜は、前述したように、組織委の職員は「みなし公務員」であることから、最終的に官製談合での立件を視野に入れているという。官製談合となれば、金額の多寡は関係なく、「公務員」が示し合わせて国民の税金を詐取したという事実だけで、犯罪の要件が成立する。検察の狙いはここにあると見られる。


「おはようございます。検察庁ですが」

電通本社に強制捜査が入った日の朝、都心の喧噪から離れた神奈川県川崎市の住宅街を、東京地検の担当官が訪れていた。家の主は、テスト大会で行われた入札業者の「振り分け」の実質的な責任者で、五輪組織委大会運営局次長を務めた森泰夫だ。

中高、大学と陸上競技に打ち込み、東急電鉄に入社。その後、日本陸上連盟に移り、「陸連のエース」として組織委に入る。民間からスポーツ界に転身した異色の経歴から、組織委と現場を繋ぐキーパーソンとして大会運営の実務を担っていた。

「東京オリ・パラでスポーツ界へ繋ぐ人材レガシーを創りたい」

テスト大会の3分の2ほどを消化した2019年11月、森事務局次長は日本記者クラブの会見でこう力を込めた。確かに、世界的ビッグイベントである五輪の大会運営という貴重な経験をした人材が、閉幕とともに散逸してしまうのは損失に違いない。

一方で、スポーツイベントは社会的事業であると同時に、収益事業でもある。テスト大会の入札に参加した業者にとって、五輪は是が非でも関わりたいビジネスチャンスだ。実際、受注した業者は、組織委と随意契約のかたちで、テスト大会や本大会の運営業務などを請け負い、受注総額は200億円に達していた。森の言葉からは、五輪を日本のスポーツ産業発展の起爆剤としたい野心が垣間見える。

だが、組織委での彼の仕事は思い描いていたそれとは大きく違った。なぜなら、組織委は民間最多となる150人を超える電通からの出向者で固められ、人材育成やスポーツレガシーの創出よりも、資金調達こそが最重要課題となっていたのだ。実直な仕事ぶりで知られる森の悪評は一切聞かない。ポジション的にも、独断で行えることは皆無だ。つまり自由な裁量権などないに等しかった。では、いったい誰の指示があったのか。そうした意味で、森もまた被害者だったのかもしれない。


「組織委員会からも逮捕者が出る可能性がある……」

電通強制捜査の一報を受け、都庁幹部は戸惑いを隠さなかった。庁内でも森の評価は高かっただけに、都にとっても五輪テスト大会の入札談合が捜査対象になるとは想定外だったようだ。

捜査の成否は、特捜と公正取引委員会の連携にかかっていた。一般的な談合事件の場合、公取委は違反した企業に行政処分と課徴金を科す。だが、悪質かつ重大な談合の場合は行政処分にとどまらず、刑事告発を前提とする「犯則調査」に乗り出す。通常、犯則調査は公取委が先行して独自に行うが、五輪汚職に際して特捜と異例の合同捜査に踏み切っていた。特捜の並々ならぬ決意が窺える。

「五輪テスト大会で受注調整」と報じられた週明けから、都庁には緊張が走っていた。森事務局次長の自宅に家宅捜索が入った11月25日、定例会見に臨んだ小池百合子都知事にも珍しく動揺している様子が見て取れた。

「高橋氏（治之元五輪組織理事）が絡んでいる件については、これ汚職ということですけれども。こちら、第三者委員会をすでに設けております。今回は談合という別のかたちでございますので、都から職員も出している件について、聞き取りなどをする必要があるということで昨日、潮田（勉）副知事のもとでスタートしたところです」

２０２２年11月４日、高橋元理事の４度目となる起訴で、五輪汚職の捜査はひと区切りしたかに見えた。２０３０年冬季五輪の札幌誘致を見据える政府はこれで安心したのか、汚職の再発防止のため、大規模スポーツイベントの組織ガバナンスを検討するプロジェクトチームを立ち上げ、電通に捜査が入る1週間前の11月18日に1回目となる会合を開いたばかりだった。

　プロジェクトメンバーにはＪＯＣ幹部ら利害関係者が名を連ねており、札幌招致のためのポーズにすぎないことは明白だった。都も有識者会議を12月中に設置する構えだったが、「汚職事件や談合疑惑について議論する想定はない」（都スポーツ総合推進部）と、早めに逃げを打っており、有識者会議がセレモニーの域を出ないことは容易に想像できる。

　そもそも、噴出した数々の「五輪カルテル」による疑惑を検証しようにも五輪組織委はすでに解散し、清算法人に移行している。契約書などの文書は10年間保管されるが、開示の義務はない。さらに、清算人の代表には、疑惑の当事者の一人である武藤敏郎元組織委事務総長を据えて、情報開示しないよう策を弄した痕跡が窺える。その結果、五輪を巡るカネの流れは周到にブラックボックス化されると思われた。

　しかし、第二幕の官製談合疑惑が浮上し、政府や都の目論見は完全に外れた。特捜の捜査の前には、情報の非開示を目指しても無意味だ。この第二幕で、特捜は決着をつけようとした。都庁内部では、五輪組織委の森喜朗元会長や竹田恆和元副会長、さらには武藤敏郎元事務総長など、大物の関与が囁かれている。捜査の狙いは、森泰夫元組織委大会運営局次長ではない。特捜は本来の目的地の「森」に行く前に、小さな「森」に立ち寄っただけなのだ。

「明治天皇の玄孫」からの批判

取材をしていると思わぬ騒動に巻き込まれることがある。とりわけ五輪汚職のような、現在進行形の事件を切り取る権力報道は、意図せぬ「敵」をつくることが多い。とはいえ、ジャーナリストなど所詮、人斬り稼業である。返り血を浴びるのも宿命だろう。

『週刊SPA!』で五輪汚職の集中連載を開始するにあたって、高橋治之元五輪組織委理事が逮捕される前の2022年夏から多くの当事者や関係者に取材を行ってきた。

JOC会長と同時に、東京五輪組織委副会長という要職に就いていた竹田恆和にも当然ながらインタビュー取材を申し入れた。だが、音沙汰のないなか、突如SNSを賑わしたのは彼の長男である竹田恒泰からの一連のツイートだった。

「私の父、竹田恆和を罪人扱い？　上杉隆さん、ジャーナリストとしてきちんと根拠を示してください！」、「根拠なく犯罪者呼ばわれするのは名誉毀損です」、「何を根拠に『裏付けできていた』と述べたのですか？　答えられなければジャーナリスト失格です」、「プロ

フィールから『ジャーナリスト』を外して『陰謀論者』に書き換えた方がよくないですか？（ひろゆき風）」（原文ママ）

竹田恒泰は旧皇族・竹田家に生まれ、明治天皇の玄孫《やしゃご》に当たる。慶應義塾大学で憲法学、史学を学び、卒業後の2006年に著書『語られなかった皇族たちの真実』（小学館）で第15回山本七平賞を受賞。2021年には第21回正論新風賞を受賞するなど、保守派の論客としてよく知られた存在だ。

恒泰は筆者にTwitterで批判を浴びせる前、自身のYouTubeチャンネルで、五輪汚職の核心と囁かれる人物に対して怒声を上げていた。

「森さんよ、覚悟しとけ！　これから思ったこと言うからね、言っておきますけど。というか、あんたが親父を辞めさせたんだろ！　ふざけんなよ、クソジジイ！　森さん批判もちょっと封印してたのよ。私、結構、森さんの悪口言っていたら、森さんがウチの親父に『息子を黙らせろ！』って言ったんだから。まぁ、私が親父の足を引っ張るのも何だと思ったから、ちょっと遠慮してましたけど。森さんよ、覚悟しとけ！」

言わずもがな「森さん」とは、森喜朗元組織委会長のことだ。

竹田恆和は2019年3月、「任期満了」を理由にJOC会長を辞任することを表明していた。だが、前年に五輪招致を巡る贈賄疑惑が火を噴き、事実上、追放されたに等しい。

そのため、恒泰は父親を葬ったとされる森元会長を名指しで批判したというわけだ。さらに家族を愛する恒泰だけに、攻撃の矛先を筆者にも向けた。ただ、森と筆者への批判は見当違いだ。竹田恆和は追い込まれて自ら職を辞したにすぎない。

「上杉君がジャーナリストとして調査報道したことが、恒泰君にとって心地よいものでなかったとしても名誉棄損と騒ぐのは間違いだと本人に言いました。確かに、高橋（元組織委理事）ルートの捜査はひと区切りをつけ、彼の父の竹田恆和元組織委副会長は逮捕されなかった。だが、特捜は公取と連携して官製談合ルートでまた動き始めたのだから、恒泰君は勘違いして騒ぎすぎだし、騒ぐことで現場の若い検察官や公取の職員の士気を高めれば逆効果だとも話しました」

こう語るのは、慶應大学名誉教授で、竹田恒泰が師事する憲法学者の小林節だ。天皇と憲法についてタブーなき論争に大多数の学者が背を向けるなか、自民党憲法調査会のブレーンとして議論をリードするなど、30年以上も前から聖域を排した現実的な憲法論議の最前線に立っている。

若い憲法学者のみならず、法曹界にとって現在も有力な存在であり、恒泰にとってもそれは例外ではない。実際、山本七平賞を受賞した恒泰の著書『語られなかった皇族たちの真実』は、恒泰の博士論文が下敷きになっており、この論文を指導したのも、恒泰を慶應義塾大学大学院の非常勤講師に強く推したのも小林だった。そして、小林にとっても恒泰は愛弟子の一人なのだ。

「私は恒泰君も上杉君もよく知っており、優秀な人材である2人がこんなことで泥仕合をしているのが惜しいのです。まず恒泰君に撃ち方やめと言ったのは、仮に父親に司直の手が及んだときに君が間違ったことになるから矛を収めなさいと諭しました」

検察庁や裁判所はもちろん、東京地検特捜部や公正取引委員会にも多くの教え子を輩出する小林の危惧は現実のものとなるのか、それはいまの時点ではわからない。

2022年11月25日、特捜は東京五輪テスト大会の談合の疑いで、広告代理店大手・電通の強制捜査に入った。特捜は公取と連携することで、官製談合での事件化を狙っている。捜査の「ひと区切り」を「五輪汚職の捜査終了」と報じた誤報は、恒泰を勘違いさせた。誤報という愚を犯したマスコミも、電通への強制捜査で論調を一変させ、手のひらを返している。第二幕はまだ開いたばかりなのだ。

特捜と連携する公取

特捜が捜査を再開する〝武器〟となったのが、広告大手のＡＤＫが応じた公取のリーニエンシー（課徴金減免制度）だ。

２００６年に導入されたこの制度では、事業者が自ら関与したカルテルや入札談合について、その違反内容を公正取引委員会に自主的に報告した場合、課徴金が免除、または減免される。具体的には、減免申請の順位に応じた減免率に、事業者の協力が事件の真相の解明に資する程度に応じた減算率を加えた減免率が適用される。ごく簡単に言えば、先に自首した者（企業）ほど、罪が大幅に軽減されるというわけだ。リーニエンシーによって事業者自らが違反内容を報告し、さらに資料の提出を促すことで、公取はカルテルや入札談合を発見しやすくなり、事件の真相解明を効率的かつ効果的に行うことが可能になる。

そのうえ、２０１８年に日本でも司法取引が可能になったことで、捜査の幅は大きく広がった。特捜はこうした強力な武器をどのように使って、官製談合の立件を目指すのか。

小林に改めて問うた。

「リーニエンシーの導入に続いて、日本でも司法取引が可能になりました。私は法律学者、弁護士としては、司法取引を可能にする手段を検察に与えることは危険だと考えています。

しかし、犯罪を行う側が高度化、巧妙化している現状を踏まえれば、適切に制度を利用すればいい。

官製談合の賄賂は、通常、現金を紙袋に入れて渡される。ただ、贈賄側は社内で正式に出金して、そのカネを何らかのかたちでマネーロンダリングして現金化する。検察の世界は、ひとえに証拠。その意味では、司法取引を持ちかけ、得られた証言から後づけで証拠を積み上げていくことは極めて有効です。おそらく、特捜部は今これをやっているのではないか。大学教授として教科書的に言っても、官製談合の立件は理論上かなり可能性が出てきたということです」

官製談合を立件する2段階の捜査手法

小林によれば、五輪テスト大会を巡る官製談合を立件するには、法理論上、２段階の捜査手法が考えられるという。

「まず一つめは、公取とこれに連携する検察には、リーニエンシーの申告制度という手段があります。ＡＤＫがすでに独禁法の違反行為を報告しているように、談合に参加した事業者の証言によって事件の外形はどんどん整っていくだろうから、後づけで物的証拠を揃える。ただ、通常、談合した側は物的証拠をほとんど残さない。しかし、『Aさんに○○万円渡しました』という証言があれば強制捜査まで行けます。実際、小沢一郎元民主党代表の土地取得を巡り、政治資金収支報告書に虚偽記載した疑いがかかった陸山会事件では、客観的事実は証明されていないにもかかわらず、証言だけで強制捜査が入りましたから」

二つめの捜査手法について、小林が続ける。

「今回の官製談合疑惑に際しては、司法取引とリーニエンシー制度があり、違反行為を申告すれば先着順に課徴金が減免されるので、現金の授受そのものは客観的に立証できなくても、現金の出所は証明できる可能性が高い。

賄賂のカネは会社から正式のルートで出金し、何らかの方法でマネーロンダリング（資金洗浄）して現金化し、領収書も残っているでしょう。簡単な手口で言えば、例えば、商品券やタクシーチケットを購入して領収書を入手し、その後に購入したモノを売れば現金化できる。だが、商品券を売るときに、当然、何割か目減りするわけです。すると、5000万円の賄賂を渡すために、会社から6000万円を出金した記録が残るし、そもそも出金した目的以外に使われたことになる。こうした証言を違反行為の申告者から得られれば、立証はしやすい。事件として立ちやすいのです」

懸念されるのは、これまでも特捜の捜査を阻んできた検察内部からの圧力だろう。判明しているだけでも受注額が約200億円と膨大な規模の官製談合となれば、政界はもちろん、霞ヶ関からもさまざまな横槍の入ることが予想される。

「立件できる十分な証拠が揃っても、検察当局は上意下達の組織なので捜査にストップがかかる恐れがある。ただ、政治的に圧力をかけられようが、立件への叩き台が証拠であることには変わりはない。正義感を抱く若い検察官がしっかり証拠を集めれば、かつて同じ志を抱いていたであろう検察上層部も心情的にストップをかけにくいだろう」

では、司直のメスは果たして五輪利権を貪る核心に届くのか。この点については、小林も懐疑的な見方を捨て切れないようだ。

「官製談合防止法の建てつけでは、談合に関与した公務員が罰せられる。みなし公務員も同様です。現場で談合を仕切った組織委幹部クラスの打ち合わせに出席していたことが立証されれば、個人として刑事責任を問われる。ただ、政治家もこうしたことをよくわかっていて、天の声はたいてい密室で発せられる……。立証するのは極めて困難です。天の声を聞いた人や伝えた人は絶対に口を割らないでしょうし」

2030年冬季五輪開催地決定の無期限延期

2022年12月6日、官製談合の立件が現実味を帯びるなか、IOC（国際オリンピック委員会）は、札幌市が招致を目指す2030年冬季五輪の開催地決定を無期限に延期した。IOCは延期の理由を「気候変動」としたが、東京五輪の汚職捜査がどこまで拡大するのか憂慮した結果なのは明らかだった。一方では、招致活動の贈賄疑惑に加えて、五輪汚職の疑いも色濃い元IOC委員の竹田恆和を気遣ったものという見方も根強い。

愛息の竹田恒泰がIOCの延期決定をどう受け止めているのか確かめたいところだが、彼は筆者からの対話のオファーに応じていない。小林は愛弟子を気遣い、こう話した。

「天皇は戦後、新憲法のタブーだったので専門家がいないなか、恒泰君は天皇にも憲法にも精通しており、断トツの存在であることを私は専門家として認めている。一方、上杉君はメディアを持っていることだし、『彼のネットメディアに私と2人で出演し、憲法と天皇について取材を受けたらどうか？』と持ちかけました。

ただ、『上杉君はああいう人だから、五輪疑惑についても聞いてくるかもしれない。そのときは私が話が違うと言って止めるから、勇気をもって同席しなさい』と付け加えるのも忘れませんでした（笑）。すると、恒泰君は『かしこまりました。依頼に応じます。ただ、日程調整はさせてください』と、私の提案を受け入れたのです」

竹田恒泰は、五輪汚職のキーパーソンである父親の恆和から組織委のどのような内情を聞いていたのか。筆者からの対話のオファーの回答は、まだ届いていない。

第6章 汚職報道で沈黙するメディア

なぜ、メディアは沈黙したのか？

「スポーツを愛し、大事にしておられる皆さんのお気持ちを大変苦しませてしまったことは申し訳ないことだ」

２０２２年12月12日、汚職、談合疑惑が噴出し、捜査が拡大していることについて、五輪組織委員会のトップを務めた森喜朗元総理は、都内で開かれた会合の挨拶でこう謝罪した。これまで疑惑の核心を知る人物としてたびたび名前が挙がり、東京地検特捜部の事情聴取も複数回受けていたが、森元会長が公の場で不祥事に言及したのはこれが初めてだった。

だが、謝ったのはあくまで組織の最高責任者として道義的に振る舞っただけであり、責任は不祥事に関与した「個人」の問題と強調。騒動を矮小化して、拙速に幕引きを図ろうとする腹の中が透けて見えた。

森の言う個人とは、五輪のスポンサー企業から総額2億円余りの賄賂をせしめた高橋治之元五輪組織委理事を指しているのだろうか。いつからこの国では個人の力で、国民の税金から数億円ものカネを懐に入れたり、大企業のスポンサー広告やテレビの放映権を差配できるようになったのか。高橋が組織委理事として振るった力の源泉は何だったのか。それは、広告代理店最大手・電通の看板を利用して、その圧倒的な影響力を行使して手に入れた、事実上の公的団体である組織委の理事の座にほかならない。あるいは、高橋を組織委の「36人目の理事」に押し込んだ〝スポーツ界の首領〟森元総理との太いパイプと政治権力という後ろ盾だ。つまり、高橋の力とは、「個人」ではなく「公」の力を背景に結ばれた「五輪カルテル」の中でしか成立しえないものだったのだ。

「森さんまでは（逮捕は）いかないよ」

ランチをともにしていた森の側近は、筆者との雑談の中でこう断言した。

取材ではないのでソースを明かすことはできないが、声のトーンから自信のほどが窺える。森は85歳と高齢のうえに、総理就任前の2000年に前立腺がん、2015年には肺がんを患っている。現在は人工透析を週3回受ける闘病中の身であり、そんな森の身柄を取るのは、検察にとってもハードルが高いという見立てだ。

この側近は、ほかにも森が逮捕に至らない「障壁」があるという。

第1の壁は、五輪組織委元会長が逮捕されるような事態になれば、2030年冬季大会の札幌招致を辞退せざるを得なくなる可能性が高まることだ。実際、2020年12月6日にIOC（国際オリンピック委員会）は「気候変動」を理由に開催地決定を無期限に延期したが、本心では東京大会を巡る汚職事件の捜査が終結するのを待っているだけだという。

確かに、地球温暖化の影響で冬季五輪を開催可能な都市は減少している。ＩＯＣは２０２１年３月に発表した五輪改革指針「アジェンダ２０２０＋５」に気候変動への対応をすでに盛り込んでおり、バッハＩＯＣ会長も同年12月の理事会で開催都市を絞り込むと明言している。そして、この時期には東京五輪汚職はまだ火を噴いていなかった。つまり、ＩＯＣが方針を変えた原因は、日本の五輪汚職以外に見当たらないのだ。

第２の理由は、高齢である森の身柄を拘束した場合、周辺から激しい反発が起きる可能性があることだ。総理経験者で、与党の最大派閥・清和政策研究会（安倍派）の元会長である森は、安倍晋三元総理亡き後、高齢とはいえ実質的な最高権力者の一人と言っていい。これまでも森や竹田恒和ＪＯＣ（日本オリンピック委員会）元会長ら、疑惑の核心人物に本格的な捜査が及んでいないのは、検察ＯＢなどから特捜に「圧力」がかかっているからだと指摘されてきた。五輪談合疑惑の発覚後も森の逮捕を阻止すべく〝安倍官邸の守護神〟といわれた黒川弘務元東京高検検事長のルートなどから、これまで以上に圧力がかかっているという。

第３に、五輪汚職の報道に消極的な大手メディアの姿勢がそれだ。憲政史上最長の７年８か月に及んだ第２次安倍政権時に顕著だったように、この国の政治報道は時の権力からの圧力と介入に屈し、無自覚なままに牛耳られることを了としている。加えて、長年にわたって広告を差配してきた電通はメディアにとっては取引先企業としてはもっとも重要でデリケートな存在だからだ。

清和会が始めたメディアへの介入

第2次安倍政権下では、森友・加計学園問題では国会における虚偽答弁や公文書改ざんが明らかになり、桜を見る会問題では招待者リストが破棄されるなど、従来なら内閣が吹き飛んでもおかしくないほどの不祥事が続出したものの、官邸の圧力を恐れたのかマスコミの政権批判の剣先は鈍いものだった。それればかりか、テレビのコメンテーターや大手メディア幹部と政権幹部との会食が頻繁に行われ、政治報道は政権に阿《おもね》っていった。

2014年の総選挙前には、自民党の萩生田光一筆頭副幹事長が選挙報道の公平性確保などを求める文書を在京テレビ局の番記者に配布し、出演する候補者の発言回数や時間、街頭インタビューなどの構成を「公平・公正・中立」にし、特定の意見を偏重しないよう求めている。

２０１６年には、高市早苗総務大臣が国会で、放送局が政治的な公平性を欠くと判断した場合、放送法５条違反を理由に電波停止を命じる可能性に言及した。

また、２０１９年にはテレビ朝日系『報道ステーション』が報じたニュースについて、世耕弘成自民党参議院幹事長がＴｗｉｔｔｅｒで「印象操作だ」と抗議し、報ステは翌日の放送でお詫びをする醜態を晒した。

いずれも筆者からすれば圧力とは言えない「圧力」である。実際、筆者がプロデューサーを務めるオンライン報道番組『ニューズ・オプエド』の中で、２０１４年の「公平性確保などを求める文書」を公開したが、これを番記者に配布したとされる自民党の萩生田筆頭副幹事長本人からは「上杉さん、勘弁してよ」と言われただけで済んでいる。メディアが権力の圧力に、先回りして忖度するようになったのはいつからだろうか。

政治権力からの直接的な圧力が強まったのは、２０００年の森喜朗政権以降のことだ。前述したように、『噂の眞相』２０００年6月号が、森の早稲田大学時代の買春疑惑をスクープすると、現役の総理だった森は１０００万円の慰謝料と謝罪広告の掲載を求めて、名誉毀損で同誌を訴える。記事によれば、１９５８年2月17日、当時20歳で早稲田大学在学中だった森は東京都売春等防止条例違反で検挙されていたという。8日後に森は起訴猶予になるが、『噂の眞相』は森の犯歴番号、指紋番号まで入手していた。

訴えられた『噂の眞相』側は裁判所に調査嘱託を申し立てる。調査嘱託とは、裁判所が官公庁や企業などの団体に対して事実の調査を命じて、情報を得ることができる手続きを指す（民事訴訟法186条）。東京地裁はただちに警視庁に対して、若き日の森を検挙した情報を提出するよう命じたが、これを拒否。仮に、警視庁が調査嘱託に応じて「シロ」の情報を開示していれば、森は自らの潔白を証明できていたはずだが、なぜ警視庁が調査嘱託に応じなかったか、真相は今も藪の中だ。

名誉毀損の裁判は、翌2001年4月28日に判決期日を迎える。

裁判で森側は、売春等防止条例違反で逮捕されたことは事実無根で名誉毀損にあたるとし、記事内で自分のことを「サメの脳ミソ」「ノミの心臓」と表現したことについても、「意見論評の域を越えている」として、名誉毀損の対象となると主張していた。ところが、東京地裁はこの部分について原告である森の主張を一蹴。判決は問題とされた「サメの脳ミソ」「ノミの心臓」という表現について、〈低能、小心者を想起させる表現であり、原告は内閣総理大臣を務める適正を欠くかのような印象を与え、原告の名誉感情を害しかねない〉と一定の理解は示しつつも、〈具体的事実を適示するものではなく、いささか品位を欠く表現ではあるけれども、表現自体が違法性を帯びるようなものとはいえない〉とした。

そして、判決文はこう続く。

〈原告は政治家で、しかも内閣総理大臣である。その資質、能力、品格が政治的・社会的に厳しい批判に、時には揶揄にさらされることは避け難い立場にある。こうした立場を前提に本件雑誌を読む一般の読者も、風刺的表現として理解するにすぎないであろう。「サメの脳ミソ」などの表現をもって、直ちに原告の社会的評価を低下させるとするのは相当ではない。この程度の表現は受忍すべきだ〉

この判決が意義深いのは、公人たる政治家は厳しい批判や揶揄を受忍すべきと裁判所が明言している点にある。

皮肉なことに、この判決の2日後、数々の失言や不祥事により内閣支持率が8・6%まで落ち込んでいた森内閣は総辞職に追い込まれた。森の名誉毀損裁判の判決に反発するように政権はマスコミへの圧力や介入を強め、特に週刊誌など雑誌メディアに対する名誉毀損訴訟は激増し、慰謝料の請求額も高騰していく。

そもそも、自民党の総裁派閥とその領袖は、伝統的にメディアを訴えることをしてこなかった。田中角栄の木曜クラブも、竹下登の経世会も、池田勇人の宏池会も、総理総裁を輩出した派閥はいずれも「批判するのが記者の仕事」と受け止め、メディアを提訴することを了としなかったのである。その禁を破ったのが清和会であり、森喜朗元総理だった。「自民党5人組」の密議によって清和会から森喜朗が総理に就き、小泉純一郎、安倍晋三、福田康夫と続けて総理を輩出した清和会の政権下でメディアへの圧力はもはや日常となった。

清和会が政権を握る前、権勢を誇った経世会出身の竹下登総理は、「権力者は7割の批判に甘んじなければいけない」と明言し、生涯ただの一度もマスコミに対して名誉毀損の訴訟を提起しなかったし、森の前に総理を務めた小渕恵三も自らを厳しく指弾する記事を何度も書いたジャーナリストに、「どんどん批判してくれ」と声をかけるほどだった。これに対して清和会の政治家は、小泉と福田を除いては、批判をまったく受けつけず、政治報道の現場に直接圧力をかけ、裁判に訴えるのが当然となっていく。そして、メディアの萎縮は進み、五輪報道への忖度のみが残るのだった。

森の命綱は札幌五輪招致

2030年冬季五輪招致に立候補した札幌に目を向けると、開催地決定を延期したIOCの判断には別の意図が潜んでいた。実は、IOCは2022年10月に予定していた開催地決定の総会を4か月延期している。その後、2度目の延期を決めたものの、今度は総会の開催を無期限に延期した。異例の決定が下されたのは、すべて札幌で冬季五輪を開催するという「密約」があるためだ。

IOCが繰り返すこうした〝気遣い〟が、図らずも汚職の核心とされる森と、五輪テスト大会の官製談合疑惑に揺れる東京五輪組織委の〝命綱〟になっている。

IOC委員の一人から、筆者は匿名を絶対条件に間接的な証言を得た（同委員には『週刊SPA！』誌上での連載開始時から書籍化に伴う現在に至るまで顕名での証言を依頼しているが、それでは取材を受けられないとのことで匿名での回答となっている。開催地決定時に匿名を解除する可能性がある旨、約束している）。

「冬季五輪の開催地は2030年札幌、2034年ソルトレークシティーで決まった。この前後の本大会の開催地を鑑みれば、この順番以外の選択肢はない」

なるほど、2028年の夏季五輪開催地は米国ロサンゼルス。2年後に同じ北米大陸で冬季五輪を開催することは難しいのだろう。つまり、2030年冬季五輪の開催地候補から、北米のバンクーバー（カナダ）、ソルトレークシティー（米国）は当初から事実上除外されており、2030年の冬季五輪札幌開催はIOCにとって既定路線なのだ。実際、IOC自身も札幌を「最有力候補地」と認めている。これらを踏まえると、仮に札幌が五輪招致を辞退すれば、IOCの戦略が瓦解するだけでなく、特捜にとっては捜査終結への大きな障害が一つ取り除かれることになる。つまり、〝命綱〟が消えたとき、森の運命は大きく変わる可能性が残っているということだ。

五輪組織委と一体化したメディア

「マスコミは書かないね。まるで捜査が終結したかのようだよ」

検察関係者の匿名ソースの一人は、東京五輪の談合疑惑の報道をこう評した。

実際、2022年11月25日、東京五輪テスト大会の一般競争入札を巡り、談合の疑いで広告最大手・電通などに家宅捜索が入り、東京地検特捜部と公正取引委員会の合同捜査が始まってからというもの、メディアは検察発表以外の情報は記事にせず、談合疑惑から目を背けているかのようだった。

業界最大手の電通を筆頭に、博報堂、ADKと日本を代表する大手広告代理店が軒並み談合への関与を疑われる現状では、広告に経営を依存する大手メディアが沈黙するのは無理もない。だが、週刊誌やネットメディアまでもが沈黙するとは、検察当局も予想しなかったようだ。

朝日、読売、毎日、日経の大手4紙は、東京五輪で4種類設けられたスポンサー契約のうち、3番目にランクされるオフィシャルパートナー（Tier2。協賛金は約60億円）になっている。また、産経新聞と北海道新聞は4番目にランクされるオフィシャルサポーター（Tier3．同約15億円）として契約。こうした取り決めを前提に、大会スポンサー企業は東京五輪のロゴやエンブレムを使用することができるというわけだ。

新聞社にとっては、スポンサーになることでIOCや大会組織委への通常の情報アクセスが得られるうえ、日本特有のメディアカルテルに参加することで便宜も期待できる。オフィシャルパートナーに大手4紙が揃って名を連ねているのは、長年続く日本のメディア特有の悪習であり、横並び意識のなせる業だ。

新聞社が享受する最大のメリットは、世界的ビッグイベントである五輪の報道や関連イベントを行うことで広告収入を見込めることだ。近年、新聞は発行部数減に悩まされ続けている。日本新聞協会によれば、2022年10月の新聞発行部数は3084万部と、前年比218万部減。率にして実に6・6％も減少した。発行部数のピークは1997年で、2008年頃から減少のスピードが加速している。原因はスマートフォンとSNSの普及だ。誰もが情報端末を手にしたことで、紙の新聞の需要が激減した。部数減に苦しむ大手新聞社からすれば、五輪は多少のコスト（協賛金）がかさもうとも、一時的に広告収入の増加が見込めるビジネスチャンスなのだ。

だが、スポンサーになることは五輪の利害関係者の一員に加わることも意味する。報道の独立性を求められる新聞が、事実上、五輪組織委と一体化してしまっては、不祥事が起きたときフェアな立場で物を言うのが難しくなるのは当然だ。

東京五輪は新型コロナウイルスのパンデミックにより、史上初めて開催が1年延期される大会となった。五輪開幕が迫る2021年7月、感染の第5波が日本を襲い、開催が危ぶまれる。運営主体である組織委は通常開催の構えを崩さず、世論は五輪開催を推す声と中止を訴える声に二分されるが、新聞を筆頭にメディアは開催に批判的な報道をほとんどしなかった。なぜなのか。答えは簡単である。おいしい儲け話がご破算になることを願う企業など存在しないのと同様、政府公認のビジネス利権を失う覚悟を持った新聞社など日本には見当たらないからだ。

実際、コロナの感染第5波が猛威を振るっていた2021年5月15・16日の両日に行われた五輪開催の是非を問う朝日の世論調査では「中止」が43％、「再び延期」が40％と、合わせて8割を超える結果となったが、この声を受けて、ようやく朝日は5月26日の社説で「夏の東京五輪　中止の決断を首相に求める」と題して大会中止を強行に主張し始めている。「天下の朝日新聞」とて、大会のオフィシャルパートナーという立場上、「反対」を言うのには五輪開幕の直前までかかったということだろう。

メディアが取り込まれた理由はほかにもある。組織委に設置されたメディア委員会の存在がそれだ。組織委の発足から8か月後の2014年9月、専門的見地からアドバイスを行う場として設けられたメディア委員会の36人の委員には、大手新聞やテレビ局の経営陣やキャスターらが名を連ねた。「五輪の大会運営にメディアの意見を反映させる」というのがお題目だが、同年9月14日の初会合に臨んだ組織委会長だった森は、冒頭の挨拶で早速、メディアに対して牽制球を投げ込んでいる。

「世界の人は映像や記事を介し、競技などを楽しむ。オールジャパン体制で盛り上げていくためにはメディアの協力が不可欠になる」

森の言葉を換言すれば、メディア委員会は「メディアの意見を反映させる」場ではなく、メディアが組織委に協力するために設けられたものなのだ。この委員会に参加することで、日本の大多数の言論機関は組織委に取り込まれたも同然だった。自社の経営幹部が五輪の運営主体の委員会メンバーになっているのに、一会社員にすぎない現場の記者が五輪の批判記事を書くことなど不可能だからだ。

「なぜ報じないんですかね？」

メディアの萎縮を目の当たりにして、報道の裏側を訝《いぶか》る声も少なくない。実際、いつもは取材を受ける側の官僚や政治家のなかにさえ、違和感を感じて筆者にそんな質問を投げかけてくる者もいたほどだ。それもそのはず、スポーツイベントを巡るメディアの談合に関しては、新聞社だけでなく、当事者である広告代理店すら無自覚なので仕方がないのだろう。現に、家宅捜索を受けた8社のうち電通を含む半数以上の企業が事実関係を一定程度認める一方、談合の認識を否定している。

そもそも五輪に限らず、巨額のカネが動く世界的スポーツイベントにおいて、日本のメディアでは放映権を巡り「事前の調整」が常態化している。こうした構造を否定するような報道は、スポーツビジネスで利益を得ている大手メディアにはできない。そればかりか、広告代理店と同様、メディアにもこの「五輪カルテル」に参加している自覚がない。日本のスポーツビジネスに巣食う無自覚なカルテルは、同じく無自覚な深い闇となって存在し続けていたのである。

第7章

「嘉納治五郎財団」という
ブラックボックス

五輪招致に絡む謎の団体「嘉納治五郎財団」

五輪カルテルの闇の深さを改めて思い知らされるニュースが飛び込んできた。

「東京五輪　組織委　3月完全消滅　清算結了へ最終調整」

2023年の元旦、読売新聞にこんな見出しが躍ったのだ。これより少し前、一連の五輪汚職で4度にわたって逮捕・起訴されていた高橋治之元五輪組織委理事が保釈されたばかりのタイミングだった。

報道によると、新たに発覚した五輪テスト大会を巡る官製談合疑惑の捜査が続いているにもかかわらず、東京五輪組織委の業務を引き継いだ清算法人が3月に活動を終えるという（後に延長）。当初、清算法人の活動期間は1年程度を予定しており、2023年6月まで業務を続けるはずだった。ところが信じ難いことに、「長期化する訴訟などの案件もない」として、3か月も前倒しにして清算法人を「結了」（終了）させ、早仕舞いを目論んだのだったのだ。清算法人が結了すれば、当然、数々の汚職の震源地となった五輪組織委も完全に消滅する。

五輪の残余金の行方に注目が集まるなか、清算法人は「JOC（日本オリンピック委員会）に渡る」としている。また、同法人の解散後、契約書などの重要文書は10年間保存されるというが、開示義務はなく、2022年10月に開始された組織委の文書公開でも、汚職関連の文書は一切開示されていなかった。

一連の汚職事件では、組織委と同様にブラックボックス化し、実態が謎に包まれた団体が存在する。五輪招致に関連して不可解なカネの出入りする〝トンネル法人〟としてたびたび名前の挙がっているのが「一般財団法人 嘉納治五郎記念国際スポーツ研究・交流センター」（以後、嘉納財団）だ。その設立は、石原都政下で東京五輪の招致活動が始まる前まで遡る。2016年五輪の東京招致の失敗から2020年五輪へと長期にわたる招致活動の中で、謎の関係団体とされたのが同財団だった。

嘉納財団は、日本体育協会を創設して初代会長を務め、アジア初のIOC（国際オリンピック委員会）委員となった講道館柔道の創設者・嘉納治五郎の理念のもと、オリンピック教育、アンチ・ドーピング、スポーツ国際交流・協力などの活動を通じ、国内外のスポーツの発展とオリンピック・ムーブメントの促進を図ることを目的に2009年5月に設立される。

竹田恆和元JOC会長の関与が疑われる五輪招致を巡る贈賄疑惑では、高橋治之元組織委理事に前身の招致委から8億9000万円がわたっており、一方、嘉納財団にも招致委から1億4500万円の公金が支払われ、使途は不明になっている。この謎の団体の会長に就いていたのは森喜朗元総理だ。理事長には、ラグビー人脈で森の覚えめでたく、五輪カルテルの中心人物の一人としてたびたび名前の挙がったJSC（独立行政法人日本スポーツ振興センター）会長で、元五輪組織委副会長の河野一郎が務めていた。石原慎太郎都知事が最終承認を与えた嘉納財団は、一貫して水面下で五輪の招致活動に関わってきたのだ。

嘉納財団を巡る疑惑は、使途不明金だけではない。『週刊新潮』によれば、五輪の東京開催が決定した2013年秋、招致に関わったとされるセガサミーホールディングスの里見治会長とある政治家が、東京・新橋の高級料亭で密会していた。里見会長は五輪招致への貢献を自画自賛し、東京五輪を「俺のオリンピック」と豪語していたという。

〈「菅義偉官房長官から話があって、『アフリカ人を買収しなくてはいけない。4億～5億円の工作資金が必要だ。何とか用意してくれないか。これだけのお金が用意できるのは会長しかいない』と頼まれた。

でも、いくらなんでも額が大きすぎる。『そんな大きな額の裏金を作って渡せるようなご時世じゃないよ』と言うと、菅長官は、『嘉納治五郎財団というのがある。そこに振り込んでくれれば会長にご迷惑はかからない。この財団はブラックボックスになっているから足はつきません。国税も絶対に大丈夫です』と。

それで俺は動くことにした。自分だけで5億用意するのは難しいから、知り合いの社長にお願いして、俺が3億~4億、知り合いの社長が1億円用意して財団に入れた。菅長官は、『これでアフリカ票を持ってこられます』と喜んでいたよ。こんなことが出来るのは俺だけだ。俺のオリンピックなんだ」〉(『週刊新潮』2020年2月20日号)

この記事が事実だとすれば、セガサミーなどの一私企業が政治家に請われて出したカネが嘉納財団という〝トンネル法人〟を通して、贈賄の疑われる高橋元理事や竹田JOC会長による五輪招致活動に使われた疑惑が浮上する。

嘉納財団は資産や収支などの情報を一般には公開していないが、『週刊新潮』が入手した2012年から2013年にかけての同財団の決算報告書によれば、「平成25年度（2013年度）補正予算案」と題する資料の「寄付金収入」の欄は、25年度予算案（補正前）では5000万円だったのが、25年度予算案（補正後）では、2億5000万円と、補正の前後で寄付金が2億円も増額されているのだ。

嘉納財団の寄付収入が2億円も増えた2012年から2013年は、東京五輪の招致活動の最終盤とタイミングが重なる。そもそも、一般財団法人が補正予算を組むこと自体、非常に異例だが、2020年五輪の開催地を決める2013年9月のIOC総会までにこの2億円を使う予定があったから、わざわざ補正予算を組んでまで収入に組み入れたのではないかと、疑わざるをえない。

嘉納財団への寄付についてセガサミー社に事実を確認すると、「寄付実績がございます」と認めたものの、「政治家の依頼に基づく寄付行為はございません」と回答し、菅官房長官の関与は否定した。

数億単位のカネが流れた嘉納財団は、〝トンネル法人〟としての役目を終えたからか、五輪の開催を待たずに2020年末をもってひっそりと解散している。

看板を変えて生き残る〝トンネル法人〟

だが、この謎の団体は完全に消えてなくなったわけではなかった。解散前の2020年3月、嘉納財団は300万円を拠出して「一般財団法人 日本スポーツレガシーコミッション」なる新たな団体を設立していたのだ。

法人登記された所在地は、東京都新宿区霞ヶ丘町4番2号。嘉納財団とまったく同じである。同住所には、地上14階、地下1階、高さ63・7mの超高層ビル、ジャパン・スポーツ・オリンピック・スクエアがそびえ立ち、日本体育協会（現・日本スポーツ協会）やJOCをはじめ、約40の競技団体の事務所が入居する。日本体育界の総本山とされた岸記念体育会館の老朽化に伴い場所を移転して、2019年に竣工したばかりの豪奢な〝新居〟に同コミッションは事務所を構える。

日本スポーツレガシーコミッションの目的は、スポーツ関連の団体の連携を図り、スポーツの発展を支える人材づくりに取り組むことだ。崇高な理想を掲げる同団体のメンバーには、驚きの顔ぶれが並ぶ。最高顧問に森喜朗元総理、理事長に遠藤利明元五輪担当大臣、以下、理事や評議員などの役員には山下泰裕JOC会長、河野一郎JSC理事長、武藤敏明五輪組織委事務総長など、「五輪カルテル」の中核をなす〝森ファミリー〟のお馴染みの面々で占められ、傘下の特別会員には日本スポーツ協会、JOCなどの主要スポーツ団体を従える。

さらに、この団体は嘉納財団に輪をかけてその活動内容が謎に包まれているのだ。疑われているのは、五輪残余金の受け皿としての役割だ。五輪組織委の定款は、団体清算の場合に残余財産は、国もしくは地方公共団体、公益法人に贈与できるとしている。それだけでなく、日本スポーツレガシーコミッションは東京五輪が閉幕し、組織委が解散した後も、森を中心とした組織委の影響力を継承・維持しようとしてきた痕跡が窺える。

ところが、〝森ファミリー〟の思惑はボスである森自身の発言によって足元をすくわれることになる。五輪の開会を半年後に控えた2020年2月3日、JOCの臨時評議員会で五輪組織委会長の森が「女性がたくさん入っている理事会の会議は時間がかかります」などと発言したことで批判が噴出。五輪憲章で禁じられている女性差別にあたるとして、同月12日に組織委会長の辞任に追い込まれたのだ。時を同じくして、日本スポーツレガシーコミッションのホームページにある「最高顧問」の欄からも森の名が消えた。

そして、森の突然の辞任劇から間もない4月、日本スポーツレガシーコミッションは秘かに改組して「一般財団法人 日本スポーツ政策推進機構」に名称を変更する。東京五輪のレガシー（遺産）の継承を謳い、スポーツ庁やJOCなどと協力し、一体となって財源確保やスポーツ振興に取り組むことが設立の目的だというが、前身の団体と同様に具体的な活動は闇の中だ。活動内容を質そうにも、これも前身団体と同様、電話番号もメールアドレスも非公表であった。

後継団体の役員は〝森ファミリー〟

筆者たち『週刊ＳＰＡ！』五輪汚職取材班は質問書を手渡すべく、２０２２年11月、日本スポーツ政策推進機構が６階に事務所を構えるジャパン・スポーツ・オリンピック・スクエアを訪れた。

１階の受付で来訪の目的を伝え、質問書を渡したい旨を伝えるも電話口の女性は名前さえ名乗らず、頑なに訪問を固辞すると、「自分が１階まで質問書を取りにいくので待っていてほしい」と言うばかりだった。６階からエレベーターで１階まで降りてくるのに、10分以上経っても姿を見せない。それから数分後、ようやく一人の中年女性が１階のロビーに現れた。

対面で取材した齊藤武宏記者の報告を確認しよう。

「名前を名乗り、名刺を渡すと、その女性は苗字だけ名乗って質問書を受け取ると踵を返そうとする。『名刺を頂けませんか』と言っても断られ、何度か頼んで渋々と名刺を差し出してきました。質問の返答はいつになるかと聞くと、秘書室長と名刺に書かれたその女性は『私にはわからない』『上に聞いてください』と繰り返すばかり……。まるで箝口令でも敷かれているのかと思うほど、とにかく余計なことは話さないという構えで、数分のやり取りの後、その女性は不愉快そうな表情を浮かべて事務所のあるフロアに帰っていってしまった。まともな法人の対応とは思えません」

2023年1月23日、日本スポーツ政策機構は設立から3年を経て、ようやく初となる公式行事を開催する。「日本スポーツ会議2023」と題したこの行事には、同機構の河村建夫会長（元官房長官）、同機構の特別会員である山下泰裕JOC会長、日本スポーツ協会の森岡裕策専務理事ら、〝森ファミリー〟が顔を揃えた。

東京五輪組織委副会長を務めた遠藤利明理事長（自民党総務会長）の挨拶が、図らずもこの団体の性格を言外に表していた。

「これから数年は地域スポーツの再生が最大の課題です。政界、スポーツ界、経済界がばらばらでは本来の発展はなりえません。横のプラットフォームとして政策提言する『スポーツ界の経団連』をつくりたい」

かつて、JOCに奉職した前出の五輪アナリスト・春日良一は、「あくまでも推測だが」と前置きしたうえで、嘉納財団とその後継団体の目的をこう解き明かす。

「五輪の東京招致が決定した時点で、大会終了後に『日本のスポーツを立て直す』という名目のもと、スポーツ界の支配構造を変えるためにつくったのが嘉納財団だった。嘉納治五郎は柔道を創始しただけでなく、国際的なスポーツ環境を日本にもたらした偉人であり、嘉納の精神を受け継ぐのが日本体育協会（現・日本スポーツ協会）であり、ＪＯＣなのです。

そもそも、東京五輪は史上空前の利益が見込まれた大会でした。そこで、スポーツ界の大きな権力であるＪＯＣから離れたところに嘉納財団を設立し、五輪後、日本のスポーツ界を支配し、差配する構造をつくることを目論んだのではないか。こうした青写真を描いた中心に森元総理や河野元ＪＳＣ理事長がいたのでしょう。『スポーツを通じて社会課題を解決する』と言えば聞こえはいいが、こうした大義名分のもと、利権を追求するための組織をつくったにすぎない。体協やＪＯＣが主導する日本のスポーツ界の体制を崩して、新たな権力を生み出すために設立されたのが嘉納財団だったのではないか。政治がスポーツ界を支配するためのツールだったとしか思えません」

嘉納財団は、東京への五輪招致が決定する4年も前に設立された。春日が指摘する「日本のスポーツ界を支配し、差配する構造」とは、筆者の言う「五輪カルテル」にほかならない。同財団が、「五輪カルテル」がスポーツ界を支配するためという政治目的で設立されたとしたら、東京五輪が汚職に塗れるのは必然だったのである。

第8章

五輪と神宮外苑再開発

外苑再開発で約1000本の樹木が伐採される

神宮外苑は、都心に残された数少ない憩いの場だ。

イチョウ並木沿いのイタリアンレストラン「セラン」（現在、同じ場所でフレンチの「キハチ」が営業）では恋人たちが愛を囁き合い、「皇家飯店」（現在は「ロイヤルガーデンカフェ」）で食事を済ませた家族連れが散策を楽しむ。秋になると美しい黄金色のトンネルを形づくるイチョウ並木は、多くの名作ドラマやファッション誌のグラビアなどの撮影スポットとなり、憧憬の地として東京の文化を彩ってきた。だが、そんな光景は間もなく見られなくなる。神宮球場や秩父宮ラグビー場といった大規模スポーツ施設の建て替えを柱とする神宮外苑再開発のために、1000本もの樹木が伐採されるからだ。

神宮外苑の成り立ちは約100年前に遡る。明治天皇の崩御後の1926年、明治天皇・昭憲皇太后の遺徳を永く後世に伝えるべく、記念施設の建設を望む声が多くの国民から寄せられ、全国の民間有志によって外苑は造成され、明治神宮に奉献された。都心に位置しながらも緑濃き広大な敷地は、聖徳記念絵画館や神宮球場など多くの文化・スポーツ施設を擁する都心のオアシスであった。

神宮外苑は日本で最初の「風致地区」に指定されている。都市の風致（水や緑など要素に富んだ土地における良好な自然的景観）を維持するため、一定の建築・開発行為を認めつつも、建築物の建設や宅地の造成に制限を設けた風致地区は、１９１９年の都市計画法によって定められた。

戦後、ＧＨＱ（連合国軍最高司令官総司令部）に接収されるも、返還前の１９５１年、東京都が先手を打って風致地区に指定した経緯がある。接収中のその時期にわざわざ指定したのには理由がある。時代は戦後復興期。東京への人口流入に伴う乱開発で、都心の自然環境破壊が懸念されていた。そこで、進駐軍による接収が解除された後、返還された神宮外苑の景観が守られるよう、東京都は開発を制限する風致地区を予防的に指定したのだ。これにより外苑には高さ15ｍの建築制限が設けられ、創建から１００年近くにわたって景観は守られ続けてきた。

当時の東京都は先見の明があった。だが、70年の月日が流れた２０２２年、神宮外苑の樹齢１００年の木々を伐採する再開発の認可を出したのもまた同じ東京都であった。

都の騙し討ちで終わった審議会

２０２１年12月14日、都は「神宮外苑地区都市計画案」の詳細を公表する。だが、縦覧《じゅうらん》期間はわずか２週間と短く、渋谷区報に小さな告知が掲載されただけだったため、当時、外苑の杜が伐採の危機に晒されていることを知る人は極めて少なかった。同日に開催された都市計画案説明会もお粗末な対応だったと言わざるを得ない。都は一方的な説明を終えると、参加住民の意見に耳を傾けることなく早々に会を切り上げたのだ。まさしく、行政として手続きを踏んだという既成事実をつくるために開かれた見せかけの説明会だった。

一方、これと時を同じくして、文化遺産保護の提言を行う日本イコモス国内委員会が、再開発区域の樹木約１９００本のうち、半数以上の１０００本が伐採される可能性があることを指摘。なかでも、樹齢１００年の大木が含まれていることに重大な懸念を示すなど、都に対して計画の見直しを提言したのだ。だが、都はここでも無視を決め込むことに。外苑再開発の計画案の賛否を諮る２０２２年２月９日の東京都都市計画審議会では、採決の延期を求める委員の意見をにべもなく一蹴。賛成多数でこれを承認した。

こうした都の強硬姿勢に、外苑の樹木伐採に反対する声が広がり始め、同年６月には

8万筆を超える反対署名が東京都に提出される。「NO」を叫ぶ運動が思いのほか大きくなったことに慌てた都は、専門家が外苑再開発の自然環境への影響を議論する「環境影響評価審議会」を設置。事業者が提出した環境アセスメントの評価書が改めて精査されることになる。

8月には審議会が事業者に対して「環境保全措置に継続的に関与する」と異例の注文をつけたことで、伐採反対の運動に一筋の光明が差したかに見えた。ところが、2022年12月26日、都は突如として外苑再開発の環境影響評価審議会の臨時会合を開き、三井不動産などの事業者らに、再開発によってイチョウ並木など周辺環境に与える影響を調査した「環境影響評価書」の修正案を報告させることになったのだ。

伐採に反対する委員からは、新設される野球場が近接することで成育への悪影響が懸念されるイチョウの根の調査を求める声も上がったが、結局、まともな議論が行われることなく開発は了承。工事の着工に必要な手続きは終わり、事業者は「評価書」を提出しさえすれば計画が受理されるというお墨付きを得ることとなった。

「突然、審議会の開催が告知され、イヤな予感がしていたのですが……。みんなが忙しい年末、しかも外苑再開発と樹木の伐採に反対する都議が外遊に出ている隙を突くように審議会を開いたのは、注目を集めたくなかったからでしょう。都は再開発によって『緑地が整備される』と繰り返していますが、樹齢100年の巨木を伐採して緑地整備などとよく言えたものです」

こう憤るのは、神宮外苑の樹木伐採に反対する運動をリードする日本在住の米国人実業家、ロッシェル・カップだ。2022年末の時点で彼女は約11万筆の反対署名を集め（最終的には15万筆超）、外苑再開発に反対する超党派議連の設立にも尽力していた。

年内最後となる12月の東京都議会第4回定例会の閉会後、「臨時」で開かれた環境影響評価審議会には委員を務める都議の多くは欠席することが容易に想像できる。さらに、都議会第4回定例会では、「神宮外苑のイチョウ並木の確実な保全に関する陳情」が趣旨採択されており、2023年2月に開かれる第1回定例会で「イチョウ並木を含む明治神宮外苑の名勝指定に関する陳情」を議論することが決まっていた。

外苑の再開発を了承した同審議会は、こうした都議会の議決を無視したのだ。実際、審議会終了後、都の担当者は「事業者はイチョウの健康調査を今後も継続し、状況を報告すると約束しているので、再審議の必要はないと判断した」と議会軽視の姿勢を隠そうともしなかった。拙速な「GOサイン」からは、反対運動がこれ以上大きくなる前に再開発に着工し、既成事実化する意図が透けて見える。

果たして、開発事業者の思惑どおりに事は進み、２０２３年2月17日、都は神宮外苑の再開発事業を認可する。この決定により既存施設の解体が可能になり、3月には神宮第2球場の解体工事を皮切りに、一帯の大規模な再開発が本格的に動きだした。

　再開発計画は、老朽化した神宮球場と秩父宮ラグビー場の場所を入れ替えて、新たに建て替えるというもの。さらに、隣接地にオフィスや商業施設が入る超高層ビルも建設する予定だ。外苑の大部分の土地を所有する宗教法人明治神宮、秩父宮ラグビー場を所有するＪＳＣ（独立行政法人日本スポーツ振興センター）、開発事業者の三井不動産、そして、伊藤忠商事の4事業主体が開発の権限をシェアすることを決めた。計画では、伊藤忠東京本社ビルの高さは１９０ｍ、三井不動産ビルが１８５ｍ、室内球技場を併設したホテルは80ｍに達し、これらのビルの建設に合わせて約３・４ha分の敷地が公園区域から解除された。すでに２０２２年には着工し、２０３６年の完成を見込んでいる。

　これらの工事で、伐《き》られる樹木は当初の約１０００本から大幅に増え、およそ３０００本が伐採や移植の対象になるという。事業者は伐採を予定していた樹木の一部に保存や移植ができるものがあったとして、高さ３ｍ以上の樹木について当初の計画よりも17%少ない７４３本を伐採すると説明していた。ところが、３ｍに満たない低木を含めると伐採される樹木は３０００本に達する。神宮外苑再開発では超高層ビルが立ち並ぶだけでなく、

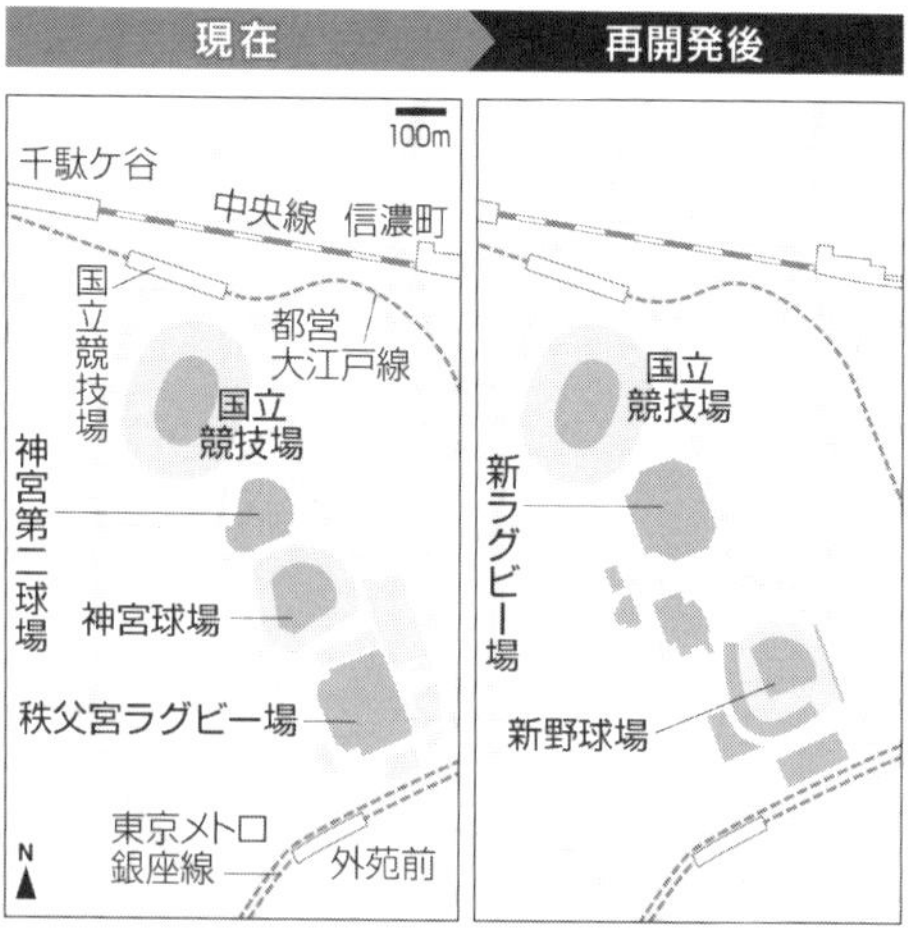

神宮再開発で球場の位置関係が変わる。再開発地区の大半は明治神宮が地権者になるが、ラグビー場やオリンピックミュージアムの地権者は、国立競技場と同じく文科省の独立行政法人であるJSCだ　提供／共同通信社

多くの緑地が失われる。神宮外苑は高層建築群が乱立するビルの杜へと姿を変え、歴史的な景観が失われようとしているのだ。

坂本龍一が東京都知事に宛てた「遺書」

反対の声を上げているのは、ロッシェル・カップ女史や市民団体だけではない。2023年3月28日に71歳で死去した世界的な音楽家・坂本龍一もその一人だ。

1978年、坂本らによって結成されたテクノポップバンドのYMO（イエロー・マジック・オーケストラ）が世界を席巻する。1983年公開の映画『戦場のメリークリスマス』には俳優としても出演。手掛けた同作の音楽で日本人初となる英国アカデミー賞作曲賞を受賞した。その後、イタリアの巨匠、ベルナルド・ベルトリッチ監督がメガホンをとった『ラストエンペラー』の音楽を担当し、米アカデミー作曲賞を受賞する。こちらも日本人初となる快挙だった。

そんな坂本が東京藝術大学に在学中、スタジオミュージシャンとして活動を始め、ビクター青山スタジオでのレコーディングや名門ライブハウス・六本木ピットインでの演奏の合間に気分転換のためによく散策したのが神宮外苑だったという。

外苑の再開発によって縁浅からぬ風景が失われるばかりか、東京の中心に残された樹齢100年に及ぶ木々が伐採されることを憂慮した彼は、生前の2023年3月上旬、再開発の見直しを求める手紙を小池百合子都知事、新宿区の吉住健一区長、港区の武井雅昭区長、JSCを所管する文部科学省の永岡桂子大臣、そして、都倉俊一文化庁長官の5人に送っていた。330haと広大なセントラルパークを擁する米国・ニューヨークのマンハッタンに暮らした坂本は、彼にとって二つの故郷である東京とニューヨークを重ね合わせたのかもしれない。

〈東京都都知事　小池百合子様

突然のお手紙、失礼します。私は音楽家の坂本龍一です。神宮外苑の再開発について私の考えをお伝えしたく筆をとりました。どうかご一読ください。

率直に言って、目の前の経済的利益のために先人が100年をかけて守り育ててきた貴重な神宮の樹々を犠牲にすべきではありません。これらの樹々はどんな人にも恩恵をもたらしますが、開発によって恩恵を得るのは一握りの富裕層にしか過ぎません。この樹々は一度失ったら二度と取り戻すことができない自然です。

私が住むニューヨークでは、２００７年、当時のブルームバーグ市長が市内に１００万本の木を植えるというプロジェクトをスタートさせました。環境面や心の健康への配慮、社会正義、そして何より未来のためであるとの目標をかかげてのこと、慧眼です。NY市に追随するように、ボストンやLAなどのアメリカの大都市や中規模都市でも植林キャンペーンが進んでいます。詳しくはこちらの記事をご参照ください。

https://globe.asahi.com/article/14629731

いま世界はSDGsを推進していますが、神宮外苑の開発はとても持続可能なものとは言えません。持続可能であらんとするなら、これらの樹々を私たちが未来の子供達へと手渡せるよう、現在進められている神宮外苑地区再開発計画を中断し、計画を見直すべきです。

東京を「都市と自然の聖地」と位置づけ、そのゴールに向け政治主導をすることこそ、世界の称賛を得るのではないでしょうか。そして、神宮外苑を未来永劫守るためにも、むしろこの機会に神宮外苑を日本の名勝として指定していただくことを謹んでお願いしたく存じます。

あなたのリーダーシップに期待します。

令和5年2月24日　坂本龍一〉

3月17日の定例記者会見で、坂本からの手紙について問われた小池都知事はこう回答している。

「事業者でもある明治神宮にも手紙を送られたほうがいいんじゃないでしょうか。さまざまな思いをお伝えいただいた。事業者からは緑の量を増やすと聞いている。取り組みや町づくりの意義を、坂本さんをはじめさまざまな方々、都民のみなさんに伝わるよう情報発信するよう改めて指示している」

坂本の「遺言」とも言える手紙を受け取った5人の中に、彼の思いに応えた政治家は1人もいなかった。

だが、坂本の「遺志」を継ぐように、反対の声は後を絶たない。国内外で評価が高く、世界約50か国で作品が翻訳出版され、近年では毎年のようにノーベル文学賞の有力候補として名が挙がる作家の村上春樹も、神宮外苑再開発に「NO」を表明した。6月25日、自身のラジオ番組『村上RADIO』(TOKYO FM)でこう述べている。

「個人的に強く反対しています。《中略》緑溢れる気持ちのいいあの周回ジョギング・コースを、そしてすてきな神宮球場を、どうかこのまま残してください。一度壊したものって、もう元には戻りませんから」

村上はプロ野球のヤクルトスワローズのファンとしてもよく知られる。神宮外苑との所縁も深く、作家人生のスタートのきっかけが生まれたのも神宮球場だったという。1978年、ヤクルトのシーズン開幕戦を観戦中に執筆を思い立った小説『風の歌を聴け』が群像新人文学賞を受賞し、作家デビューに繋がったのだ。その後、放浪するように海外で暮らすことも多くなった村上だが、東京にいるときは神宮球場まで徒歩で行けるところに居を構えた。マラソン愛好家としても知られる彼にとって、神宮外苑はお気に入りのランニングのコースだったようだ。

そもそも、日本初の「風致地区」である神宮外苑は都市計画公園に指定され、高さ15mまでなど厳しい建築制限が課されていた。なぜ、再開発事業が認可され、3000本もの樹木が伐採されることになったのか。

明治神宮外苑地区の再開発が実質的に動き始めたのは、五輪の東京招致が決まった2013年に遡る。実際、五輪のメインスタジアムとして国立競技場を建て替えるため、同年6月、東京都は神宮外苑地区の新たな都市計画（規制緩和等）を公示し、建築制限をそれまでの高さ15mから75mに一気に緩和した（緩和前の国立競技場敷地の高さ制限は20m）。

戦後、日本がまだ独立を回復する前に東京都は神宮外苑の風致を守ったが、猪瀬直樹都政下の東京都は自らその禁を解いたのだ。

２０１３年、新国立競技場の建設費を巡り、政府と都は混乱を極めていた。当初、IOC（国際オリンピック委員会）に提出した五輪招致ファイルに記載された建設費は１３００億円（総工費）だったが、その後、１３００億円（本体工事費）に増加。さらに、競技場の国際デザインコンクールで最優秀賞を獲得したイラクの世界的建築家ザハ・ハディドによるデザイン案が採用されると、建設費は３０００億円に膨れ上がった。その後も建設費は乱高下を繰り返し、２０１６年7月、安倍晋三総理が新国立競技場の「白紙撤回」を表明し、一旦は収束を見る。

だが、この混乱に乗じるかのように、火事場泥棒さながらの動きを見せたのが、新国立競技場建設の事業主体であるJSCだった。競技場の計画が白紙に戻ったというのに、築22年と新しく、国税庁の定めるオフィスビルの耐用年数に照らし合わせてもまだ十分使用できる本部ビルをさっさと解体し、１６５億円もの税金を投入して新しく建設したビルに移転したのだ。

JSCの新オフィスが入居する日本青年館・日本スポーツ振興センタービルの高さは80mと威容を誇る。かつて「巨大」と批判されて建設の白紙撤回に追い込まれたザハ・ハディド案の新国立競技場（高さ70ｍ）を上回る。また、この高層建築の隣には、森喜朗元総理が会長を務め、東京五輪を巡って暗躍した謎の団体「嘉納財団」を事実上継承する一般財団法人 日本スポーツ政策推進機構や、ＪＯＣ（日本オリンピック委員会）をはじめとする多くの競技団体が入居する高さ60ｍのジャパン・スポーツ・オリンピック・スクエアの高層ビルが肩を並べる。

新国立競技場の建設開始に際しては、都営霞ヶ丘アパートが解体され、明治公園が「再編」の名のもとに廃止となるなど、住民による大規模な反対運動に発展した経緯がある。一方で、建築基準を緩和する都の規制緩和の恩恵をもっとも受けたのは、ＪＯＣやＪＳＣ、日本スポーツ協会といった「五輪カルテル」を結ぶスポーツ団体だ。ザハ案が排され、仕切り直しとなったデザインコンペで選ばれた建築家・隈研吾設計の新国立競技場は、かろうじて高さを47ｍに抑え景観との調和を重んじた。だが、東京五輪開催を大義名分に建設された超高層ビル9棟は、いずれも競技場の高さを遥かに凌ぐ。

その後の２０２２年、小池百合子知事のもとで都はさらに高さと用途の建築制限の緩和に踏み切る。こうして全高２００ｍに迫る超高層ビルや、従来の「都市公園」内では認められなかった大規模商業施設の建設を可能にするのだった。

五輪決定前に外苑再開発は動き始めた

過去の事実関係とその経緯を詳細に辿ると、神宮外苑の再開発は五輪招致がきっかけになったという新聞の見方はあながち間違っていない。だが、正確とも言い切れない。というのも、五輪の東京開催が決定する前に再開発は動き始めていたからだ。契機となったのは、２００９年７月、ラグビーＷ杯２０１９の日本開催が決定したことだった。

一連の五輪汚職が火を噴く７年前、筆者は拙著『悪いのは誰だ！ 新国立競技場』で、新競技場建設に絡み政治や行政、スポーツ界までもがカネの匂いを嗅ぎつけて、「五輪カルテル」が徒党を組んで群がった「３つの利権」を指摘した。１つめが「ラグビー利権」、２つめが「ＪＳＣ利権」、そして３つめが「東京都利権」だ。同書では、「ラグビー利権」はすなわち「森利権」であることを明言していた。

五輪利権と自らの取材の検証にもなるので、そのまま引用して以下に示す。

〈１つめの利権はラグビー利権だ。

東京オリンピックのために、新国立競技場の南に位置する秩父宮ラグビー場を壊して駐車場をつくり、オリンピック終了後はその跡地に神宮球場を移転する予定だった。これら解体や駐車場の工事費用を、新国立競技場の建設費に潜り込ませていたのである。

そもそも新国立競技場の完成は、「2019年のラグビーW杯に間に合わせるのが大前提」と下村博文文部科学大臣は繰り返していたが、もともとIOC（国際オリンピック委員会）に提出した招致ファイルにはそんなことは一文たりと記されていない。

ところが、2009年にラグビーW杯の日本開催が決定したのを受け、2011年にはラグビー議連（ラグビーW杯2019日本大会成功議員連盟）が国立競技場の再整備を推進することを決議。8万人規模収容のナショナルスタジアムへの改修を決定し、政府、東京都に要望した。こうした流れのなかで、2012年、新国立競技場デザインコンペの概要が、収容人員8万人規模で、ラグビー、サッカー、陸上競技の国際大会を開催可能なスタジアムに決定。新競技場は、陸上競技場なのか、ラグビー場なのか、サッカー場なのか曖昧な姿になっていった。

なぜこのようなことが起きるのかといえば、当時、日本ラグビー協会会長で、のちにオリンピック組織委員会会長に就く森喜朗元首相の存在が大きい。ラグビー利権は「森利権」と言い換えることもできる。文教族のドンである森は、議員引退後もスポーツ関係の利権を一手に握ってきた。

森は2015年6月9日付朝日新聞のインタビューに、悪びれもせず答えている。

「3,4000億円かかっても立派なものを造る。それだけのプライドが日本にあっていいと思う。財政とは相談しなきゃいかんが、元の試算が安く見積もった数字。だから文科省や事業主体は、これだけの予算がかかると素直に言った方がいい」

そして、ラグビーへの愛が大きすぎるのか、こんな本音を明かした。

「国立の建て替えはいずれやらなきゃいけなかった。老朽化し、耐震性の問題もある。陸上の国際公認も取れていない。建て替えへの道を開いたのは2020年五輪ではなく、2019年のラグビーワールドカップ（W杯）の招致成功です。W杯に間に合わなくてもいい、という話になったら、あまりにラグビーがかわいそうだ」

繰り返すが、オリンピックの招致ファイルには新国立競技場の建設がラグビーのためなどとはひと言も書かれていない〉（上杉隆著『悪いのは誰だ！新国立競技場』扶桑社）

当時、建設費が膨張し続ける新国立競技場に対して、世間から厳しい批判が沸き起こっていた。にもかかわらず、なぜ森は「3、4000億円かかっても立派なものを造る」必要があったのか。

2009年7月、2019年ラグビーW杯の日本開催が決まる。だが、当初の予定では、試合会場は旧国立競技場や秩父宮ラグビー場など、9会場とされていた。

同年10月には、2016年五輪の開催都市がリオデジャネイロに決定し、招致に立候補していた東京都は落選する。このとき石原慎太郎都知事がIOCに提出した招致ファイルには、新国立競技場を神宮外苑から臨海地区の晴海に移転し、旧国立競技場、秩父宮ラグビー競技場もレガシーとして使用すると記されていた。

神宮外苑は高さ15mの制限が課された風致地区であり、建築許可を得るのが難しい都市計画公園に指定されるなど、日本一厳しい建築制限によって新国立競技場のような高層の巨大建造物の建築を阻んでいたのだ。

根拠無き「収容人数8万人」という謳い文句

2012年2月、ラグビーW杯の日本開催決定を受けて、新国立競技場の建設計画が息を吹き返す。以降、新国立競技場の建設は神宮外苑の再開発とセットで語られるようになったのだった。先鞭をつけたのは、国立競技場を所管し、新競技場建設の事業主体であるJSCの理事長で、ラグビー人脈で森と関係の深い河野一郎だった。

河野は東京医科歯科大学を卒業した医学博士で、大学時代はラグビー部で活躍し、1999年には筑波大学教授に就任している。1988年のソウル大会から1996年のアトランタ大会まで、3大会連続でオリンピック日本選手団のチームドクターを務め、これをきっかけに政治に接近していく。2001年にJOCの理事になったのを皮切りに、2006年には2016年東京五輪招致委員会の事務総長、JOC招致推進委員に相次いで就任、2011年にJSCの理事長に就いた。

スポーツ医科学を専門とする〝畑違い〟の河野が、スポーツ行政の世界でポジションを得ることができたのは、五輪組織委員会会長の森の存在によるところが大きい。3度の五輪を通して、河野は日本体育協会、日本ラグビー協会の会長だった森とのパイプを太くしていった。交渉事は決して得意ではない河野が現在の地位にあるのは、ラグビー人脈と上昇志向、そして時の運に恵まれたからだ。

その河野が突如としてブチ上げたのが、新国立競技場を「収容人数8万人規模」にする計画だった。再び拙著から引用する。

〈「収容人数は8万人規模を軸に検討する。世界一のものを造りたい」

2012年2月17日、JSCの河野一郎理事長は新国立競技場について、全天候型ドーム構想を視野に入れた将来の展望を明らかにした。

東京オリンピックのメインスタジアムとなった国立競技場は、1958年の建設から半世紀以上を経て老朽化が進んでいた。

収容人員も5万4000人とスポーツの国際大会の規模に足りていない。2002年サッカーW杯ではFIFA（国際サッカー連盟）が定める「観客席の3分の2以上に屋根を架設」という条件を満たしておらず、試合会場になることはなかった。また、陸上競技の大会を開催するにもトラックが8レーンと国際標準の9レーンには足りず、オリンピックや世界選手権の開催に必要なサブトラックも常設されていない。こうした理由で、近年はマラソン以外の国際大会が開かれることはなかった。

国立競技場の老朽化という問題を抱えながら、当時すでに2019年ラグビーW杯の開催は決まっていた。2011年2月には、ラグビーW杯2019年日本大会成功議員連盟が「国立競技場の8万人規模ナショナルスタジアムの再整備」を国会で決議。東京都がオリンピック招致レースに立候補するのは、同年7月のことだった〉

莫大な利権がひしめく神宮外苑の再開発に向かって、「政・官・財」のトライアングルが秘かに、だが着実に動き始めたのだ。あたかも、それは「五輪カルテル」とも言うべき利権システムの胎動でもあった。

河野の「収容人数8万人」発言に先立つ2011年12月、ラグビーW杯日本大会成功議連は、新国立競技場の陣容を8万人規模にすることと、神宮外苑地区の都市計画の再整備を求める決議文をまとめた。この決議文には、日本ラグビー協会会長で国会ラグビークラブ顧問の森も名を連ねている。

2012年3月、JSCが開催した第1回国立競技場有識者会議では、河野JSC理事長が「8万人規模をスタートラインとする」と念押しするかのように発言し、いつしか収容人数は「8万人が前提」という空気が醸成されていくのであった。

だが、「8万人」という数字の根拠など、どこにも存在しない。

そもそも、ラグビーW杯を主催する国際競技連盟ワールドラグビー（WR）の開催基準に観客席数はない。しかも、「収容人数8万人」をブチ上げたJSC自らが、当初は「6万人が基準」としていた。

ほかの競技に目を向ければ、IOCによる五輪開催の基準は6万人。FIFAが定めるサッカーW杯は、開幕戦と決勝戦を行う競技場の基準を8万人としているものの、2002年日韓大会で開幕戦が行われた韓国・ソウルワールドカップスタジアムの収容人数は約6万6000人、決勝戦が行われた横浜国際競技場は約7万2000人といずれも8万人の基準を満たしていない。つまり、新国立競技場を8万人規模にしなければいけない理由など、当時も現在も存在しないのだ。

ところが、JSCのこうした動きに歩調を合わせるように、2012年2月、東京都は2020年五輪の招致申請ファイルをIOCに提出する。石原慎太郎都知事が2016年五輪の招致で、メインスタジアムの晴海への移設を計画していた「石原案」は、国立競技場を8万人規模に改修する案へと一変する。2016年東京五輪の招致では国立競技場の改修や規制緩和を否定していた都が、180度方向転換したのだ。

この大転換の前年、2016年東京五輪の招致失敗という失意のなか、石原都知事は3期目の任期の終わりを迎えようとしていた。

〈「オリンピックをやるか、やらないかは次の知事が決める」〉

知事の後継者問題に頭を痛めていた石原自身、まだこの当時はオリンピックのことなどまったく頭になかったと思われる。

2011年、石原陣営は来たる都知事選に、後継に松沢成文神奈川県知事を立てる準備を進めていた。ところが告示日直前になって、東国原英夫前宮崎県知事が出馬を表明した。極秘の世論調査と内部の情報分析によって東国原の当選が濃厚と知り、状況が一変。石原自身が4期目への出馬を表明することになる。オリンピック招致に再び挑戦するには、石原が出馬を決断するほかは道がなかった。

東京オリンピックは、政界を引退して静かな余生を送ることを考えていた石原を、4期目の都政に引き戻した。都知事選挑戦となる出馬会見は3月11日にセットされた。そして、この日に未曾有の被害をもたらした東日本大震災が起きたのだ。

震災直後ということもあり、争点は首都の防災のあり方、そして4選を目指す石原の続投の是非が問われることとなった。一方の石原は、悲願である東京オリンピックの2020年招致を公約のひとつに掲げた〉（同書）

未曾有の震災がこの国を襲う前の2月下旬、石原は4月に控えた都知事選への不出馬を表明していた。東京五輪の招致を諦めていたのだ。ところが、のちに石原は翻意し、ある人物のために東京を〝売る〟ことになる。その人物とは長男の石原伸晃衆議院議員。そして、〝売った〟相手は森喜朗元総理であった。

石原4選出馬を促した森との密約

石原が4選を目指して都知事選の出馬を決めた裏には、ある密約があったという。山口元労働大臣が明かす。

「都知事選の不出馬を石原都知事が表明したとき、腰を抜かさんばかりに驚いたのが森元総理です。2011年の都知事選は、改革派首長として当時大変な人気だった東国原英夫前宮崎県知事が出馬し、世論調査でも高い支持を得ていた。石原さんが立候補しなければ、東国原さんが当選する可能性が大いにある。そして、仮に新都知事に東国原さんが就任すれば、五輪招致の行方が怪しくなる。東京五輪を招致できなければ、長年にわたり画策してきた神宮外苑の再開発は水泡に帰することになる……。

森君は、東国原さんの当選を何としても防ぎたい。そのためには、石原都知事にどうしても出馬してもらう必要があったのです。

ところが、石原都知事の不出馬表明から選挙までわずか2か月しかない。森君は〝石原詣で〟を繰り返し、最後に会談を持ったのが3月11日の午後。東日本大震災が発生した直後、2人は五輪の話をしていた。そして、石原都知事が一転、出馬することを決めたのです。

森君にすれば、東国原都知事の誕生さえ阻止できればよかった。だから、石原さんが4選を果たした暁には半年ほどで知事を辞めてもいいと考えていた。そして、石原さんを口説き落とすために取引の切り札にしたのが、長男・伸晃衆議院議員を自民党総裁に担ぎ上げるというカードだった。石原さんにも親バカなところがあり、この条件を呑んで出馬に至ったというわけです」

2012年の自民党総裁選当時、石原伸晃は党幹事長を務めており、現職の総裁である谷垣禎一も出馬する意向だった。だが、宏池会出身の毛並のよさからか、谷垣は「党執行部から2人が立候補し対立するのは好ましくない」として、告示直前に不出馬を表明する。結果、総裁選には石原幹事長のほか、安倍晋三元総理、石破茂前政調会長、町村信孝元官房長官、そして林芳正政調会長代理の5人が立候補し、国会議員の投票に限られる第1回投票では、58票を獲得した石原がトップに躍り出る。

山口が続ける。

「この票の取りまとめをしたのが森元総理です。清和会のオーナーで自派閥から安倍、町村の2人が出馬しているにもかかわらず、森君と青木幹夫元官房長官は石原支持を相次いで表明したのです。青木さんは早稲田大学雄弁会時代の森君の先輩で、青木さんが雄弁会の幹事長になるために奔走したのが森君だった。このときの働きが評価され、森君は雄弁会の渉外担当幹事になっている。早稲田の学生の頃から昵懇の間柄で、自民党の実力者となった2人ならこの程度のことをやるのは容易だったでしょう」

だが、総裁選は議員票に党員算定票を加算して争われる。その結果、第1回投票の総計では1位が石破、2位は安倍、石原は3位と後塵を拝し、上位2人の決選投票で逆転勝利した安倍が総理総裁に就任。憲政史上2度目となる総理への返り咲きを果たしたのだ。

森にすれば、総裁選の第1回投票で長男・伸晃を1位にしたことで、石原との約束を守ったつもりだったのだろう。一方、石原も都知事4期目の任期途中の2012年12月、都知事を辞して衆議院議員総選挙に日本維新の会から立候補し、副知事の猪瀬直樹に都政の舵取りを託して国政に復帰した。

果たして、山口が証言したように森の思惑どおり、石原から後継に指名された猪瀬直樹知事によって東京都は五輪招致に邁進していく。ただ、目指すゴールは五輪の開催ではなく、莫大な利権をもたらす神宮外苑の再開発に変更されていくのだった。

2012年7月、新国立競技場が「8万人規模」へと方向転換すると、JSCは「新国立競技場基本構想国際デザインコンクール」の概要を発表した。募集要項には「2019年のラグビーワールドカップの会場使用に間に合うこと」「8万人規模」「延べ床面積約2

９００００㎡」など、事細かに条件が明記された。神宮外苑の狭小な立地に巨大スタジアムを建設するには、一帯の大規模な再開発が必要になる。そのためには、都市計画を変更しなければならない。国際的なスポーツイベント開催の基準に照らし合わせても何ら根拠のない「８万人規模」にこだわったのは、競技場の建設を隠れ蓑にして、神宮外苑の再開発を目論んでいたからにほかならない。

同年11月、ＪＳＣは都市計画変更のために策定した「神宮外苑地区地区計画」の地元説明会で、旧国立競技場の南に隣接し、約１３０世帯が居住する都営霞ヶ丘アパートを取り壊す方針を示した（２０１６～２０１７年に取り壊され、現在、都立明治公園として整備中）。新国立競技場が巨大化したため、歩行者デッキなどの付帯設備が必要となった結果の取り壊しだと説明された。こうして霞ヶ丘アパートは新国立競技場に呑み込まれてしまう。

このドサクサに紛れて暗躍したのが河野一郎ＪＳＣ理事長と森喜朗元総理だった。ＪＳＣは築22年と耐用年数が十分残っている本部事務所を取り壊して、日本青年館とともに新たに建設するビルに転居した。不可解なのは、当時はまだ都市計画は変更されておらず、一帯には建築制限が課されていたにもかかわらず、ＪＳＣ本部事務所の取り壊しを決めたことだ。東京都が都立明治公園の都市計画公園を変更し、高さ制限が30～80ｍに緩和されるのは2013年5月である。まるで、建築制限が緩和されることを知っていたかのように、JSCは自らの本部事務所を新築の超高層ビルに移転すると明かしていたことになる。

都独自の特例で外苑再開発が可能に

明治神宮外苑の自然や景観が守られてきたのは、前述のとおり、戦後間もない1951年に日本初の風致地区に指定されたからだ。その後、1957年には都市計画法により「都市計画明治公園」に指定され、同法や都市公園法によって、公園内に建てられるのは解体しやすい2階建て以下の建物、スポーツ施設や売店など公園に関係する建造物に限られた。もちろん、高層ビルの建設など不可能だった。

ところが、この都市計画公園の再開発と公園指定解除をできる仕組みを、ほかならぬ東京都が独自に編み出した。それが2013年に都が創設した「公園まちづくり制度」だ。これにより都市計画公園が変更されれば、再開発に際して建築の高さ制限はそれまでの15mから80mに大幅に緩和され、公園指定から外れたところは80m超の建築物を建てることさえできるようになった。

対象は、都心部で都市計画公園に指定したものの、用地買収が進まないなどの理由で開園が難しい未供用区域に限られていた。こうした区域などの公園指定を解除して事業者に再開発を認可する一方、一定規模以上の緑地を確保させることで「まちづくりと公園整備を両立させる」のが狙いだったはずだ。具体的には、都市計画の決定からおおむね50年以上が経過した面積2ha以上の未供用区域のある都市計画公園・緑地が対象となり、開発事業者が一定の緑地を確保することを条件に、都市計画公園・緑地を削除（未供用面積以下に限る）できるようになったのだ。

現在、神宮外苑の樹木が伐採の危機に瀕しているのをよそに、高さ190mの伊藤忠東京本社ビル、185mの三井不動産ビルといった超高層ビルを建設できるようになったのも、制度の悪用なのか。建設予定地に隣接する秩父宮ラグビー場は敷地が塀で囲われ、自由に通り抜けできないことから都は「未供用」に該当すると判断し、無理筋としか言いようのないこうした理屈で、周辺で同程度の面積の公園指定解除を認めた。これに伴い、秩父宮ラグビー場周辺の約3・4haの公園指定も解除されている。行政にも浸食した「五輪カルテル」は都市計画や建築規制の改悪など、なりふり構わず神宮外苑再開発の地均《じなら》しを買ってでていたのだ。

森と都庁幹部の密議

ＪＳＣは、都が「公園まちづくり制度」を創設するのを事前に知っていたかのように、２０１２年11月の時点で本部事務所の移転の方針を示していたことは前述したとおりだ。ただ、これより半年前の同年5月、現在の神宮外苑再開発とほとんど変わらない計画が、ある政治家と都官僚によって秘かに進められていた事実はあまり知られていない。

当時、日本体育協会（現・日本スポーツ協会）をはじめ、多くの競技団体が本部を構える岸記念体育会館は老朽化のために建て替えを急務としており、旧国立競技場をはじめとする神宮外苑のスポーツ施設と同じ問題を抱えていた。岸記念体育会館が立地する代々木公園は都市計画公園に指定されており、厳しい建築制限が課されていたのだ。ところが、なぜか２０１９年、同体育会館は神宮外苑に移転し、地上14階、高さ60ｍの高層ビルに生まれ変わる。五輪招致を巡り暗躍した謎の団体・嘉納財団の後継、日本スポーツ政策推進機構が事務所を構える現在のジャパン・スポーツ・オリンピック・スクエアだ。

岸記念体育会館の移転は不可解な経緯を辿っていた。問題が確認されたのは、２０１８年のこと。都議会で共産党都議団が追及したのがきっかけだった。外苑再開発の問題を追ってきた同党の原田あきら都議が振り返る。

「2018年度都予算に岸体（岸記念体育会館）の敷地の用地買収と移転費用として123億円もの巨費が計上されたうえに、神宮外苑に日本体育協会が移転する予定地まで用意するなど、都が異例の支援を行っていることが共産党の調査で明らかになったのです」

原田によれば、自発的に岸記念体育会館が移転しても、都からは体育会館跡地の用地買収費も移転補償も得ることはできない。これを可能にするため、都は同体育会館の跡地を新たに都市計画公園の代々木公園に指定し、整備することを決めたというのだ。だが、同体育会館の敷地は代々木公園とは道路で隔てられ、そもそも公園整備の必要性など考えにくい。実際、都の公園整備計画でも代々木公園は優先整備区域にはなっていなかった。

ところが、2015年12月、突如として都は岸記念体育会館の敷地を優先整備区域に指定したのだ。なぜ、都はこれほどの便宜を図る必要があったのだろうか。

「取扱注意」の内部文書

ここにペーパー2枚からなる東京都の内部文書がある。都議会で岸記念体育会館を巡る不可解な経緯について共産党都議団が独自入手したものだ。「神宮外苑の再整備について」とタイトルが記された記録文書の右上には「取扱注意」の判が押されている。

文書に記された日時は、2012年5月15日午後1時30分から同45分。場所は衆議院第二議員会館。参加者は、石原慎太郎都政下の都庁から佐藤広副知事（のちに五輪組織委常務理事兼副事務総長）と安井順一都市整備局技監（のちに五輪組織委参与）。そして、森喜朗元総理（のちに五輪組織委会長）の3人であった。

「神宮外苑の再整備について、東京都として考えているイメージをご説明にあがった」

佐藤副知事の挨拶でレクは始まった。

説明は東京五輪までの再整備に関する【STEP1】と、五輪閉幕後の再整備についての【STEP2】に分かれる。

3人の密議はわずか15分で終わるが、交わされた言葉は生々しく、都官僚の報告に一喜一憂する森の姿が目に浮かぶ。記録文書を以下に引用する。

〈**安井**　ラグビーW杯・オリンピック開催の前後二段階で全体を再整備、新競技場の敷地、競技場周辺のバリアフリー化と都市計画公園の付け替えのために人工地盤を整備、サブトラックは競技場敷地の外、NAASH（編註・日本スポーツ振興センターの旧略称。現・

ＪＳＣ）本部、日本青年館の移転先としてテニスコート（ＮＡＡＳＨ所有）を想定。スケジュール的に可能な範囲で駅からのアクセスを改善、再整備は二段階になるが、都市計画変更に必要な調整は同時にスタート等について説明。

森　（霞ヶ丘アパートの）住民の移転は大丈夫か？

佐藤　（住民が入居した経緯、店舗の存在等を説明し）近くにある他の都住（編註・都営住宅）に移転してもらえるために国策として計画を進めていくことが必要。

森　日本青年館は気持ちよく協力してくれている。ここ（ＮＡＡＳＨ所有のテニスコート）に日体協（編註・日本体育協会。現・日本スポーツ協会）も移転させるといい。どのくらいの規模が建つのか？

佐藤　隣接する明治公園も敷地に使い、（高さ等の）規制緩和が可能〉

さらに、安井技監によって五輪終了後の整備の第二段階＝【ＳＴＥＰ2】のレクが続く。

〈**安井**　オリンピック終了後の第二段階の整備をスタート、第二球場跡地に恒久サブトラック、神宮球場とラグビー場の敷地の入れ替えの利点（明治神宮所有地の商業的な利用増進、両競技の中断を回避、ラグビー場の芝の養生）、青山通り沿道の民間再開発の動向、外苑前駅地下道の延長可能性等について説明。

森　佐藤さん、すばらしい案じゃないか。長生きしないと。サブトラックもここがいい。（神宮球場とラグビー場の入れ替えについて）ラグビー場の芝もその通りだし、新競技場とサブトラックに近いほうがいい。港区は喜ぶんじゃないかな。
佐藤　明治神宮の協力が必要。
森　相手が神様だから大変だな。（聖徳記念）絵画館はどうするの？
安井　銀杏並木からの眺めを含め絵画館周辺の景観は維持する。外苑駅前からのアクセスを改善するためにはＴＥＰＩＡ（先端技術館。編註・一般財団法人 高度技術社会推進協会が神宮外苑に所有する展示施設）の移転が必要。
森　《略》ＮＡＡＳＨは本部の一時移転先にＴＥＰＩＡを考えていた。ラグビー協会も時々使うけど、あの場所に要らないな。不吉なことを言うようで悪いけど、もしこっち（オリンピック招致）が×になったらどうする？
佐藤　神宮外苑全体の再整備は進める。
安井　都市計画変更の調整は全体の再整備を前提に進める。
森　すばらしいよ。あと15年は長生きしないとね〉

東京への五輪招致が決定するのはこの密議から1年4か月後、２０１３年9月のことだ。

にもかかわらず、森元総理は神宮外苑再開発に自らが関与していることを明けすけに話していた。つまり、森が望んだのは東京五輪の開催ではなく、再開発の大義名分としての五輪招致だったのではないか。実際、佐藤副知事は、「(五輪招致が失敗に終わっても、外苑再開発のための)都市計画変更の調整は全体の再整備を前提に進める」と言明し、満足した森は大喜びしている。五輪招致の成否に関係なく神宮外苑の再開発は決まっており、事実、この密議で描かれた青写真のとおりに推し進められてきた。

果たして、安井技監の言ったとおり、2013年5月に都は明治公園の都市計画公園を変更し、6月には「神宮外苑地区地区計画」の変更を決定する。都営霞ヶ丘アパートの住人は立ち退きを迫られ、建物が足早に解体される一方、日本青年館とJSCの入居する高層ビルが公金を使って建てられた。見事なまでの一連の動きは、「五輪カルテル」の連携なしには実現しなかっただろう。そして2023年、神宮外苑の3000本もの樹木が伐採され、超高層ビルと巨大建造物が建てられようとしている。

第9章
明治神宮が手にした「錬金術」

大地主・明治神宮と事業者・三井不動産の急接近

2015年4月1日、東京都、明治神宮、JSC（日本スポーツ振興センター）、TEPIA（一般財団法人 高度技術社会推進協会）、三井不動産、伊藤忠商事、そして日本オラクルの7者が「神宮外苑地区まちづくりに係る基本覚書」を締結した。東京五輪の閉幕後、秩父宮ラグビー場の跡地に新球場を建設し、その後、神宮球場の跡地に新しいラグビー場を建設することなどに合意した。JSCは東京都と足並みを揃えて、着々と再開発の手続きを進めている。覚書では、新国立競技場の建設に際して、秩父宮ラグビー場を東京五輪開催時の臨時駐車場にするとしていた。

元東京都幹部職員で、当時、五輪組織委総務局長として、組織委会長の森喜朗元総理を間近で見ていた雑賀真が振り返る。

「もともとそういう予定だったはずです。東京五輪では秩父宮ラグビー場だけでなく、築地市場の跡地も駐車場として利用する。ただ、森さんはあまり乗り気じゃなかったように記憶しています」

〝日本の台所〟として国民の食生活を支えた東京都中央卸売市場・築地市場は老朽化が激しく、鮮魚を扱うため衛生面を心配する声も多かった。東京都は2001年、築地市場の豊洲移転を正式に決定し、２０１５年に移転を完了する。五輪組織委は、築地市場の跡地に選手を運ぶバスなど３０００台分の駐車場を設けて、輸送拠点とした。

秩父宮ラグビー場の跡地に設営された駐車場も同様に、五輪開催時の選手の輸送拠点となった。これを受け、同年7月に放映された『激論！クロスファイア』（ＢＳ朝日）に出演した森は、司会の田原総一郎に向かってこんな発言を残している。

「組織委もラグビー協会の会長も私がやっていた。五輪のために神宮の横にある秩父宮ラグビー場を駐車場で貸せという。貸すとラグビー場は3、4年は使えない。だけど、終わったあと修復できて新しいものにつくり替えてくれるなら、いいことじゃないのと、ラグビー協会に納得させたんです」

「神宮外苑地区まちづくりに係る基本覚書」締結直後の２０１５年4月21日、森は東京五輪のスポンサー契約を結んだ企業の記者会見に出席していた。その企業とは、神宮外苑再開発の先頭に立つ三井不動産だ。会見で、森は同社が手掛ける不動産開発の「街づくりパートナー」として協力することを表明。さらにこう続けている。

「もともとオリンピックの駐車場スペースを確保するため秩父宮ラグビー場を取り壊す話が計画の始まり。具体的な内容はこれからだ」

森の言葉をそのまま信じるのならば、外苑の再開発は、ラグビーＷ杯の開催を前にして、東京五輪のメインスタジアムとなる新国立競技場の建設とそれに伴う秩父宮ラグビー場の取り壊しが起点ということになる。だが現実には、外苑再開発は五輪の東京招致が決まる前に、すでに動きだしていた。森の発言は〝煙幕〟にすぎず、真相は別のところにあるようだ。

真相解明のカギは、五輪組織委会長の森と五輪終了後に神宮外苑の再開発を手掛ける三井不動産の距離の近さ、そして、三井不動産と神宮外苑の大地主である明治神宮との関係の深さにある。

2012年7月、歴代の都知事や財界をはじめ各界の名士が名を連ねる明治神宮の総代（崇敬者の代表）に、三井不動産の会長職を2011年から長きにわたって務め、絶大な力で同社に君臨する岩沙弘道が就任した。

神社は、自らが居住する地域の氏神を地縁・血縁的な繋がりのある氏子が祀る「氏神神社」と、地縁・血縁的な関係ではなく、個人の特別な信仰などにより崇める「崇敬神社」の2種類に大別される。明治神宮は崇敬神社のため氏子を持たないので、崇敬者の中から責任役員を含む「総代」を選ぶ必要がある。歴代の総代は、商工会議所会頭や元国連大使、日本を代表する大企業のトップなど、錚々たる人物が就任していた。

舛添要一元東京都知事が明かす。

「歴代の都知事は明治神宮の総代に就いてきたし、私も知事在任中に就任しました。充て職のようなかたちで、都知事は総代に就くことになっている。石原（慎太郎）さんや猪瀬（直樹）さん、それに現在の小池百合子知事も総代になっているはずです。ただ、1960〜1970年代の革新知事の美濃部亮吉さんと、1995年に臨海副都心で開催される都市博（世界都市博覧会）に反対し、参議院議員を辞職して都知事となった青島幸男さんには依頼すらなかったと聞いています。明治神宮総代といっても1、2か月に1回程度、会議に顔を出して、都知事として挨拶するくらいでした」

舛添の話を聞く限り、明治神宮総代とは、その顔ぶれから察するに名誉職の色合いの強いことが窺える。

ところが、三井不動産の岩沙会長の場合、かなり様相が異なる。

会長の総代就任から約半年後の2013年1月、三井不動産は、明治神宮や伊藤忠商事など地権者6者による神宮外苑再開発の検討会に加わった。ただ、このときは社名が表に出ることはなかった。再開発に絡んで三井不動産の名が世間に広く知られるのは2年余りが経過した2015年4月のこと、前述した「神宮外苑地区まちづくりに係る基本覚書」が締結されたときだ。この間に水面下で何があったのか。いずれにせよ、岩沙会長の総代就任から覚書が結ばれるまでの2年余りで、神宮外苑再開発の核を担う事業者である三井不動産と明治神宮は名実ともに一体化していった。

両者の密な関係性を証明するかのように、2016年に三井不動産が明治神宮から定期借地契約で借りた外苑内の神宮プール跡地にホテルを建設する計画が明らかになり、2019年には新国立競技場の目の前、明治神宮外苑アイススケート場の隣に地上13階の「三井ガーデンホテル神宮外苑の杜プレミア」を開業している。定期借地の契約年数は非公表だが、長期にわたって明治神宮が莫大な地代を得ることが確定したのだ。

この時点で三井不動産と明治神宮は、小規模ながら共同で神宮外苑の再開発を手掛けていたに等しく、不動産業界では「本丸（神宮外苑再開発）の試金石」とすら言われていた。

「日本一の金持ち神社」

都内有数の規模を誇り、関東を代表する神社として知られる明治神宮――。

長きにわたって国民から愛され、初詣参拝客数は例年300万人超と、その集客力は全国の神社でもトップの座にあり続ける。年間を通じて1000万人近くが訪れる明治神宮は、日本でもっとも人気の高い神社の一つだ。東京屈指の繁華街である新宿と渋谷の中間、代々木と原宿に跨る好立地に位置しており、明治神宮が経営する明治記念館は結婚式場や披露宴会場としても人気が高い。5年もの歳月をかけて創建された神宮内苑の総面積は73haと、東京ドーム15個に相当する。広大な敷地には約17万本、250種の木々が立ち茂り、高い樹木は30mを越える。境内に一歩足を踏み入れれば都心にいることを忘れてしまうかのような豊かな自然が広がり、近年はパワースポットとして女性や若者からも人気で、訪日外国人にとっても有数の観光スポットとなっている。

明治神宮が創建されたのは1920年。明治天皇が1912年に崩御すると、日本の近代化を成し遂げた天皇を偲ぶ神社の創建を望む声が多く寄せられ、これに応えるかたちで政府は神社の創建計画に着手する。神宮外苑の成り立ちと同様、境内の大部分は全国の青年団の勤労奉仕により造苑され、現在の深い杜の木々も、全国から献木された100万本の中から選りすぐりの大きな樹木が選ばれ植樹されたものだ。明治神宮が「崇敬神社」たる所以である。

「日本一の金持ち神社」――。

明治神宮は、ほかの神社からやっかみ半分にこう言われることが多い。全国の多くの神社が財政的に窮乏している現在、垂涎の的でもある。

神社の主な収入源となるのが、冠婚葬祭の初穂料や地鎮祭のお祓いの祈禱料、神に奉納する玉串料などだが、これらの相場は数万円程度で決して高額ではない。参拝客が投じる賽銭やお守りも重要な収入だが、売り上げが期待できるのは観光地などに立地する一部の神社に限られる。ほかにも、地域住民から神社の運営維持のために徴収する氏子費用などが収入となるが、少子高齢化や地域コミュニティの崩壊により、そもそも氏子の数が激減している。

神社界には神主のことを「くわん主」（＝食わん主）と呼ぶ隠語まであり、神職は食べていける職業ではないのだ。一つの神社の運営だけでは経済的に苦しいため複数の神社を運営したり、それでも足りずに副業で売り上げを補塡する神主は珍しくない。さらに、新型コロナウイルスの感染拡大による参拝者や祭祀の激減がこれに追い打ちをかけ、特に地方の神社は財政危機に瀕しているところが多い。実際、全国の神社の数は、2012年にはおよそ8万1000社だったが、平均で毎年100社以上が消滅していると見られ、減少の勢いは加速している。

大多数の神社が衰退の一途を辿るなか、明治神宮は莫大な収入を得ている。大きな収入源となっているのが神宮外苑だ。内苑と呼ばれる明治神宮から東へ1㎞ほどに位置し、約

33haの広大な敷地には神宮球場をはじめ、テニスコート、アイススケート場、ゴルフ練習場、フットサルコートなどのスポーツ施設が集中し、外苑には含まれないものの国立競技場や秩父宮ラグビー場も擁している。

総合運動公園さながらのこの場所は、実は明治神宮の「境内」だ。明治神宮はこれら多くのスポーツ施設の利用料や食堂・売店の売り上げなどによって、年間60億円の収入を得ていると見積もられている（収支は非公開）。

また、外苑と同程度の約60億円の売り上げを稼ぎ出しているのが、明治神宮の結婚式場として知られる明治記念館だ。外苑と道路1本隔てた元赤坂の地に位置する明治記念館は、明治の趣き溢れる本館とモダンな新館からなり、1000人収容のパーティーを開催できる宴会場のほか和食や中国料理のレストランもある。

明治神宮には外苑からの年間収入が約60億円、明治記念館が約60億円と、少なくない外部からの売り上げがある。明治神宮関係者によると、こうした収益事業の売り上げが全体の8割強を占め、宗教法人法により非課税となる賽銭や祈禱料など、公益事業の収入は全体の1割強。年間の総収入は実に140億円ほどになり、全国で8万余りを数える神社の中でも抜きんでている。「日本一の金持ち神社」という二つ名は、経済難の神社のやっかみからくる揶揄などではなく、実態に即しているのだ。

そんな神宮外苑の稼ぎ頭が、プロ野球の東京ヤクルトスワローズが本拠地としている神宮球場だ。ヤクルトが明治神宮に支払う使用料は非公開ながら、『明治神宮外苑七十年誌』によれば1996年当時で総売上高の約30％を占めており、少なく見積もっても球場使用料は18億円を下らない。

財政難に喘ぐ明治神宮

これほど潤沢な収入がありながら、なぜ明治神宮は再開発に前のめりなのか。

外苑は国や自治体が保有する一般的な公園とは違い、明治神宮をはじめとする地権者が維持・管理費用を担う。なかでも外苑の大部分の地主である明治神宮の負担は大きく、一宗教法人がこれを担うのは極めて難しく、国が支援すべきという専門家の声もあるほどだ。それだけではなく、73haに及ぶ広大な内苑の維持・管理費が重くのしかかってくる。

都心のオアシスとなっている内苑の杜だが、自然が相手だけに維持するための作業に終わりはなく、四季折々で莫大な費用が発生するという。例えば、冬に雪が降れば除雪作業や折れた木や倒木などの処理が必要になるが、敷地が広大なだけにこうした管理費用だけで数千万円に達する。そのほか、内苑では参道の落ち葉掃き、余分な枝を一本一本伐って落とす枝打ち、社屋など境内の清掃などの作業量は途方もなく、費用は巨額になる。

神宮外苑からの推定120〜140億円にも上る事業収入は、内苑と外苑合わせて106haに及ぶ広大な敷地の維持・管理に費やされ、将来の大規模修繕のための積立金をプールすると収入のほとんどが消えてなくなるという。外苑の収益事業の稼ぎがなければ、内苑を維持していくことができない歪な収益構造のもとで、明治神宮は長年運営されてきた。収入は確かに巨額ではあるものの、「日本一の金持ち神社」の財政事情は決して楽観できるものではないのだ。

「相手が神様だから大変だな」——。

2012年5月15日、外苑再開発の青写真が衆議院第二議員会館で森元総理と都官僚2人による「密議」で決まったことは、前に記した。このとき森は、東京都の佐藤副知事に対してこう言葉をかけている。「すばらしい案」（森元総理）を練り上げたことへの労いの言葉には、果たしてこの再開発計画が首尾よく進むのか、少しばかりの不安が入り交じっていた。この密議で、佐藤副知事は計画を推進する絶対的な条件として「明治神宮の協力が必要」と進言している。明治神宮の対応に懸念が残っていたのだ。

ところが、森の心配は杞憂に終わる。明治神宮は財政難に苦しみ、自ら再開発を望んでいたからだ。そして、この密議からわずか2か月後の2012年7月、三井不動産の岩沙会長が明治神宮の総代に就任する。これによって、明治神宮は外苑再開発のキープレーヤーと関係を確固とするための足場を築いたのだ。

同年7月、三井不動産に興味深い動きが見受けられる。同社が手掛ける東京・日本橋室町東地区の再開発に際して、地域の稲荷として親しまれてきた福徳神社の社殿が竣工したのだ（着工は2010年11月）。福徳神社は清和天皇の貞観年間にはすでにこの地に鎮座していたといわれ、1100年もの歴史を持つ。江戸時代には徳川家康をはじめ、歴代の将軍が信仰した由緒ある神社だが、戦後、都市化によって敷地が削られていき、一時期は神殿がビルの屋上に追いやられるほど没落していた。

だが、三井不動産による再開発に伴い、大規模商業施設「コレド室町」の敷地内に福徳神社の社殿が建てられ、2014年には拝殿も完成した。現在は多くの参拝客で賑わい、商業施設への集客にも一役買っているという。

この福徳神社の再建計画が神社界に漏れ伝わると、神社を活用した再開発のノウハウに着目した明治神宮の〝三井詣で〟が始まった。三井不動産と明治神宮の蜜月は、デベロッパーの側ではなく明治神宮が接近していった結果だったのだ。一方、すでに神宮外苑地区の再開発に乗り出していた三井不動産も、大地主の明治神宮の接近がもたらすメリットは小さくはないと判断したのだった。

動き始めた神宮外苑再開発

２０１３年1月、神宮外苑再開発の検討会に三井不動産が参加すると、同年6月、東京都は「神宮外苑地区地区計画」を変更し、再開発を可能にした。同年9月にはＩＯＣ（国際オリンピック委員会）総会で五輪の東京開催が決定する。「もしこっち（オリンピック招致）が×になったらどうする？」と、森が密議で話していたもう一つの懸念も解消された。水面下でひっそりと、だが強力な推進力をもって動きだした計画はもはや止まることがなかった。道を塞ぐ者は排除するだけだ。五輪カルテルの力は日増しに強まっていく。そして同年11月、森が五輪組織委の会長に就くのを阻止しようとしていた猪瀬直樹都知事の選挙資金問題が、降って湧いたように発覚する。

２０１２年に石原慎太郎都知事が衆議院選出馬のため任期途中で辞任し、後継に指名されたのが、当時、副知事の職に就いていた猪瀬だった。知事選告示前の同年11月20日、猪瀬は医療法人・徳洲会から新右翼団体・一水会の木村三浩代表を介して現金５０００万円を受け取ったが、選挙運動費用収支報告書や都知事資産報告書、政治資金報告書に記載していなかった。１年を経た２０１３年11月22日、朝日新聞が「徳洲会から不明瞭なカネの流れがあった」とスクープしたことで猪瀬の不正献金問題が火を噴く。当時、徳洲会は都内に2か所の医療施設を持ち、都は補助金を出していた。便宜を図ってもらうための贈収賄が疑われ、猪瀬は都議会の苛烈な追及を受けることになる。

当時、都の幹部職員だった雑賀真はこう証言する。

「猪瀬さんが議会で追及されたのは、偽証すると告発される百条委員会ではなく、常設の総務委員会でした。通常、議会で答弁するのは局長級の職員で、知事が出てくることはまずありえません。そこへ猪瀬さんを引っ張り出そうと動いたのは、都議会自民党の有力議員です。普通なら、五輪招致を実現した猪瀬さんと大会の成功に向けて一緒に頑張りましょうとなるところ、何か猪瀬さんを気に入らない感じでした。そして、猪瀬vs都議会自民党という構図が出来上がり、猪瀬さんを五輪組織委の会長にしないということになっていったのです」

実際、猪瀬は資金提供問題が発覚する前の２０１３年9月に５０００万円を返却していたが、同年12月24日、都庁を追われるように知事を辞した。２０１４年、猪瀬は借入金を選挙資金収支報告書に記載しなかった公職選挙法違反で略式起訴され、東京簡易裁判所から罰金50万円の略式命令を受けている。即日納付したことで罰金刑が確定し、政治資金規正法により公民権が5年間停止された。

だが、提供を受けた資金は賄賂ではなく、猪瀬が主張するとおり「借入金」だったことは司法も認めている。外苑再開発を推し進める「五輪カルテル」の思惑によって、猪瀬は排除されたのだろうか。そして、次期都知事が決まるまで東京都のトップが不在になる「空白の48日間」に、東京五輪組織委の会長の椅子に座ったのが疑惑の中心人物だとしたら、出来すぎのストーリーではないか。

その後は、森と都官僚2人が「密議」の場で描いた青写真のとおりに、外苑再開発の計画は推し進められていく。

莫大な利権を生む錬金術「空中権」

明治神宮の財政は外苑の収益事業がなければ立ち行かず、スポーツ施設の運営が経営の生命線を握っていた。神宮外苑の売り上げのおよそ3割を占めるのが、神宮球場の使用料だ。明治神宮にとって「外苑再開発は神宮球場の建て替えと同義」と言い切る関係者もいるほどだ。

東京六大学野球をはじめ、高校野球の東東京大会や西東京大会など多くの大会が開催される〝アマチュア野球の聖地〟は、戦前の1926年に開場した。完成から97年を経て老朽化が進み、これまでも人工芝の敷設や耐震補強など何度かの改修工事が行われたものの、建て替えが喫緊の課題となっていた。この30年ほど、さまざまな改修案が浮かんでは消えてきたのにはこうした理由がある。

なかでも世間の耳目を集めたのが、2004年に浮上した「ドーム化」案だ。1926年に完成した神宮外苑の竣工100周年を控えた東京に五輪を招致し、老朽化した外苑のスポーツ施設の建て替え計画が持ち上がる。これらの一環として神宮球場をドーム化するというものだ。総予算300億円のうち100億円を国費から拠出し、100億円は所有者の明治神宮が負担。残りの100億円を、不動産業や建設業などデベロッパーからの民間投資を呼び込んで賄う計画だった。

だが、財政が逼迫する明治神宮に、果たして100億円もの資金を調達できるのか。実は、それを可能にしたのが「空中権」の移転だ。

空中権とは、所有する土地の権利のうち、土地の上の空間（空中）だけを利用する権利を指す。法的な正式名称ではなく、比較的新しい権利概念だという。空中権の売買は「容積率移転取引」とも言われる。住宅やビルを建てる際、敷地ごとに大きさ（容積）の上限が決まっているが、上限まで使わない場合、余った容積を近隣の敷地に譲ることができる。この仕組みを利用すれば、近隣のほかの地権者に「建物を高くする権利」の売却が可能になるのだ。

ただし、空中権を売買するには条件がある。

行政から再開発地区に指定され、「特例容積率適用地区」になることで、地区ごとに定められた容積率の上限（指定容積）が緩和され、隣接する土地の余剰容積を購入することで特例容積の限度内で建物を建設できるようになる。ごく簡単に言えば、再開発地区内の建物を建て替えたいとき、その建物を高層化しない代わりに余った容積（空中権）を売却し、同じ再開発地区内のデベロッパーが購入した容積を建設するビルに移転することで高層化が可能になるというわけだ。

空中権を譲った側は、売却で調達した資金を建て替え費用に充てることができるのでメリットは計り知れない。ただ、この手法は建物の巨大化を促すため、無秩序に利用すると景観や自然を破壊するなど、新たな問題を生み出しかねない負の側面も孕んでいた。

空中権の売買が広く知られる契機となったのが、2013年のJR東京駅駅舎の復原工事だった。1914年に竣工し、赤レンガのレトロな佇まいが特徴的な東京駅丸の内駅舎は、2003年に重要文化財に指定されたが老朽化が著しく、復原工事によって現在は竣工当時の姿を保っている。

工事では「大手町・丸の内・有楽町地区」の指定区域内であれば、隣接していない土地であっても空中権を売買できる「特例容積率適用地区」に含まれた。これにより駅舎の未利用容積は周辺のビルに売却され、東京駅一帯には新丸の内ビルディングなどの超高層ビルが建てられたのだ。つまり、JR東日本は、「空」を売って手にした500億円を駅舎の復原費用に充てたのだ。まさに、巨額のカネを生み出す「現代の錬金術」であった。

余った容積を買った側のメリットも大きい。容積率とは敷地面積に対する延べ床面積の割合のことで、容積率が2倍になれば、敷地面積が変わらなくても延べ床面積当たりの地価は2倍に換算される。通常、地価とは敷地面積当たりの価格を意味するが、地価の高い都心の再開発案件については、不動産業界では床面積当たりの地価でビジネスが行われているという。つまり、容積率が2倍になれば、実質的な地価も2倍に跳ね上がるのだ。

デベロッパー側は容積率が緩和された分、ビルを高層化することができる。より多くのオフィスや商業施設のテナントを確保できるので、賃料の増加を見込めるのだ。空中権の売買は売った側にも買った側にもメリットが大きく、都市開発を手掛ける不動産関係者の間ではポピュラーな手法となっている。

神社界は「空中権」による再開発に注目

神宮球場の「ドーム化」に話を戻せば、このプロジェクトを主導したのは明治神宮トップの外山勝志宮司だった。すでに2004年の時点で、「空中権」の売買を利用した神宮外苑の再開発が試みられていたのだ。

空中権の売買は、地価の高い都心で財政難に喘ぐ神社に大きな恩恵をもたらす。神社界の注目を集めたのが、江戸三大祭の一つである山王祭で知られ、「山王さん」の愛称で親しまれる東京・赤坂の日枝神社のケースだ。2000年、境内の容積率移転を受けて、旧山王ホテルの跡地に地上44階、高さ195mの山王パークタワーが完成。立地するのが都会の一等地だけに、日枝神社は莫大な収入を得ることになった。

建築エコノミストの森山高至が、その内幕を明かす。

「少子高齢化で氏子が激減し、全国の神社は維持するのが難しくなっている。そこで鎮守の杜や地域コミュニティーといった文化を守るために、一計を案じたのが国学者・平田篤胤の玄孫の米田勝安さんです。神社が鎮守の杜を守り続けるのであれば、当然、空中権は余るので、これを売却することで神社は運営を維持するための収入を得ることができる。米田さんが編み出したのは、歴史文化を維持するための容積率移転という手法。これを実践して見事に復活した最初の事例が日枝神社です。

日枝神社といえば、隣接していたホテルニュージャパンが1982年に死者33人を出す火災を起こしたうえ、跡地は建物の高さに制限が課されていた。新たに大規模な建築物を建てることは困難で、放置されていました。そこで、鎮守の杜を維持するために、日枝神社が空中権を売買することが法的に認められた。その結果、超高層のプルデンシャルタワーが建てられ、日枝神社は莫大な収入を確保できたのです」


すでに鬼籍に入った米田勝安は、当時、都内の再開発事業を巡って必ずと言っていいほどその名前が挙がる「フィクサー」的存在だった。森山が言うように、平田神道宗家6代目当主だった米田は平田神社の宮司を務める傍ら、JEM・PFI共同機構代表理事として山王パークタワーを建てた地区再開発計画にも携わった。

同共同機構には清水建設や鹿島建設といったスーパーゼネコンの多くが幹事社として名

を連ね、2003年には「東京都防災まちづくり計画事業提案書」なる都市再開発プランを策定している。提案書には、神宮外苑に高級賃貸マンション「外苑レジデンス」を建設する計画が記され、資産評価額を実に約1兆円と見積もっている。だが、当時、神宮外苑は風致地区に指定されており、高さ15mの厳しい建築制限が課されていた。とはいえ、規制を緩和して高層ビルを建設すれば、超一等地だけに莫大な利益が生み出されるのは確実だ。再開発するのにこれほど絶好の場所もなかろう。2度目となる五輪の東京招致が持ち上がる遥か前、神宮球場のドーム化計画が浮上するよりも前に神宮外苑は狙われていたのだ。

森山が続ける。

「デベロッパーにすれば宗教法人である神社は扱いが難しく、容積移転には認可が必要になる。その点、米田さんは平田神社の当主で神社界に精通しているうえ、森元総理とは早稲田大学雄弁会の同期で、結婚式の司会も務めるほど昵懇の間柄だから政治家と口を利くこともできた。ところが、彼が神社の維持のために考案した容積率移転という手法が、莫大なカネを生み出す錬金術になることに気づいた有象無象が、神宮外苑に群がるようになっていったのです」

明治神宮、神社本庁離脱の真の目的

２００４年に浮上した神宮球場の「ドーム化」プランもまた、米田による外苑再開発の「提案書」を下敷きにしたものだった。だが、同年、「ドーム化」を主導した明治神宮の外山勝志宮司は、神社界を揺るがす一大事件を起こしている。２００４年5月8日、明治神宮は突如として、全国約8万の神社を包括し、自身も傘下にあった神社本庁を離脱したのだ。

発端は、明治神宮が「昭憲皇太后九十年祭」の参拝式の案内状に「両陛下」と書かなくてはいけないところを、「両殿下」と誤記してしまったことだった。明治神宮側は神社本庁に始末書を提出、謝罪したが、神社本庁が外山宮司に進退伺を求めたため、責任役員・総代の全員一致で離脱を決定する。

ただ、この「誤記」を巡る諍いは、神社本庁と距離を置くための口実にすぎなかったと見られている。明治神宮は東京最大規模を誇り、日本でも有数の大神社だが、神社本庁傘下にいれば神社本庁憲章など規則の制約を受け、何をするにも許認可権は神社本庁が握ることになる。こうした関係性への不満が鬱積していたのも事実だろう。だが、何より神宮球場の「ドーム化」、すなわち外苑再開発を推し進めたい外山宮司にすれば、余計な口を挟まれたくない。「誤記」問題を好機と捉え、むしろ積極的に神社本庁から離脱した節が窺えるのだ。

実際、『月刊日本』（K&Kプレス）2005年8月号によれば、明治神宮元幹部は外山の思惑について「外苑再開発の構想が膨張して東京のド真ん中にある広大な資産をほしいままに運用しているのではないかと。本庁包括下にあればそうは行かないとの判断で、この機に離脱を決行したに違いない」と断言していた。

順調に進むかと思えた神宮球場の「ドーム化」プロジェクトだったが、2007年、外山の宮司退任とともに立ち消えになる。その後、中島精太郎宮司のもと、2010年に明治神宮は神社本庁に復帰した。

だが、2003年に米田勝安が編み出した「空中権」の売買という手法は、神宮球場の「ドーム化」のように立ち消えになることはなかった。現代の錬金術は都市再開発プロジェクトで多く用いられ、巨額の富を地権者や事業者にもたらした。特に、恩恵が大きい都心の神社が後に続くことになる。

東京・原宿に鎮座する東郷神社は、日露戦争の日本海海戦でバルチック艦隊を破った東郷平八郎元帥を祀っている。都心一等地の渋谷区神宮前に2800㎡の敷地を有し、このうち2000㎡の空中権を売却。これにより生み出された巨額のカネを巡って紛争が相次ぎ、2007年には逮捕者も出している。

人口減や高齢化によって、全国の神社では賽銭や祈禱料など宗教活動の収入は先細るばかりで、財政を維持できなくなってきている。不動産を活用するなど本業以外の収入を増やし、収益を強化しなければ神社を維持していくのは難しいのが実情だ。都心は地価が高く、再開発事業者は土地を有効利用するためにビルを高層化したいので、容積移転の需要は高まるばかりだ。一方、神社は高層化の必要がそもそもなく、建設容積は余っている。売り手と買い手の双方にメリットをもたらす「空中権」の移転が、神社界で広まっていくのは当然の帰結だった。

財政難に直面しているのは都心の神社だけではない。

古都・京都の社寺のなかでも、下鴨神社の創建は9世紀初頭と長い歴史があり、世界遺産にも登録されている格式高い大社だ。2015年、同神社は境内南端、世界遺産保全のために設けられたバッファゾーン（緩衝地帯）内に定期借地権を設定し、JR西日本不動産が手掛ける高級分譲マンションの建設計画を明らかにする。これに対して、周辺住民が市風致地区条例に基づいて京都市に開発許可の取り消しを求めて訴訟を提起したが、差し止め請求は棄却され、2017年にマンションは完成した。これにより、下鴨神社は開発業者から50年にわたり、年8000万円の地代を手にすることになった。

京都はまとまった土地が出にくく、景観保全のため高さ制限など建築規制が厳格なためマンションの供給が恒常的に少ない。こうした地域事情から開発事業者と神社の思惑が一致した構図は、都心の神社にも重なる。


翻って、現在進められている神宮外苑再開発では、明治神宮が所有する神宮球場やJSCが所有する秩父宮ラグビー場など、スポーツ施設の空中権を移転することで巨額の建て替え費用の調達が可能になった。一方、開発事業者にとっては、三井不動産ビルが185m、伊藤忠東京本社ビルが190mと超高層化が実現するメリットが大きい。空中権の売買は、寺社やスポーツ施設など、もともと高層化の必要がない地権者に「空」から莫大なカネをもたらし、買った事業者もビルの高層化により収益が飛躍的に高まる。東京都にとっても税収が増えることになり、三方すべてにメリットをもたらす現代の「打ち出の小槌」なのだ。

神宮外苑再開発で利用された空中権の額は、東京駅の赤レンガ駅舎復原工事で空中権を売却してJR東日本が手にした500億円を遥かに上回り、少なくとも1000億円を超え、1300億円に達するという試算さえある。

これこそが東京五輪汚職「森ルート」の核心であり、「五輪カルテル」が狙う標的なのだ。これまで東京地検特捜部によって、高橋治之元五輪組織委理事が主導した贈収賄事件、また、広告最大手の電通が絵を描いた五輪テスト大会・本大会の官製談合事件が明らかになった。だが、起訴された高橋の収賄額は約2億円、官製談合での受注額は約200億円。これらを凌駕する莫大な利権が神宮外苑再開発によって生みだされ、これに群がる「政・官・財」の魑魅魍魎が手を結んだ。だが、彼ら「五輪カルテル」の正体はいまだに気づかれていないのだった。

第10章
五輪は外苑再開発のために招致されたのか？

突如として浮上した２０１６五輪招致

のちに東京五輪汚職の核となる神宮外苑再開発が姿を現すのは、２度目の五輪の開催から遡ること実に18年、２００３年のことだった。そして、後を追うかのように東京五輪の招致が動き始める。

「日本にオリンピックを招致するとしたら、キャパシティーの問題で東京以外にありえませんな」

２００５年８月５日、石原慎太郎都知事は定例記者会見でこうブチ上げ、２度目となる東京五輪に初めて公式に言及する。２０１６年五輪の招致には、東京のほか札幌、福岡が関心を示しており、ＪＯＣ（日本オリンピック委員会）は２００６年末までに国内候補地を絞り込む予定だった。石原はこれらの２つの政令指定都市を牽制したのだ。

会見で五輪開催の効果を問われた石原は、

「ロサンゼルスやアテネを見ても、みんな黒字になっているわけですよ」

と答え、立候補をいつ頃から考えていたかという質問には、

「1年くらい前です。（打診は）あちこちから東京でやったらどうか、と」

と明かしている。

そして、次のように決意を語って会見を終えた。

「言い出した限り、誰だってやらなければ。大事なことは手を挙げる」

ただ、この時点では石原の五輪招致の意志に対して、報じたメディアも半信半疑だった。

ところが、9月2日の定例記者会見で空気は一変する。

「16年がダメでも、20年をめどにやるという試みで進めたい」

石原は本気だった。


2005年9月20日、東京・西新宿に屹立する高さ243mの都庁第一本庁舎には、後年の混沌を暗示するかのように低く曇が垂れ込めていた。「建築界のノーベル賞」といわれるプリツカー賞をはじめ、多くの受賞歴を誇り、「世界のタンゲ」と称賛された建築家・丹下健三の手による東京都議会議事堂の6階、都議たちで埋まった議場はこれから知事の所信表明で明らかになるであろう東京五輪招致のへの期待からか、奇妙な熱気に包まれていた。


120人余りの都議や詰めかけたマスコミの視線が注がれる演壇で、石原はいつものように目を瞬かせながら、やや早口でこう切り出す。

「日本を覆う閉塞感を打破するため、ぜひ東京にオリンピックを招致したい」

五輪の東京招致を議会で正式に表明した瞬間だった。そのためには、老朽化した国立競技場の建て替えや神宮外苑の再開発など、大規模インフラ整備が必要だとの考えを示している。

演説後、石原は取り囲む報道陣に対して、議場とは打って変わってべらんめえ口調でこう語った。

「国立競技場は古く、あんなものでは（招致）資格にならない。オリンピックのための競技場をつくらなければならない。神宮の周りは再開発になる。大再開発になるだろう」

２０１６年と２０２０年五輪の両睨みの招致活動と、神宮外苑の再開発がスタートしたのだ。

石原は所信表明で「国の全面支援」を前提に招致に乗り出すことを明言していたが、都庁幹部が「兆円単位の事業になる」など、その膨大な財政負担に懸念を示す声も少なくなかった。一方、都議会自民党は招致を後押しする構えを見せた。老朽化が激しい首都高速道路をはじめとする都市インフラ整備のテコにしたいとの思惑も垣間見える。１９６４年の東京五輪以来となる首都改造計画に「政・官・財」のさまざまなプレーヤーがそれぞれ思惑を巡らせるなか、五輪の招致活動とともに神宮外苑の再開発も動き始めたのだ。

石原都知事が五輪の東京招致を正式表明してからおよそ1か月後、2005年10月28日の読売新聞夕刊にこんな見出しが躍った。

「代々木公園に競技場、総費用1兆円の再開発構想」

外苑再開発の姿が、おぼろげながらではあるものの初めて報じられたのだ。以下に一部を引用する。

〈東京都の2016年の東京五輪招致で、メーン会場を東京・渋谷の代々木公園とし、10万人規模の新スタジアムや選手村を建設する大再開発構想が進んでいることが28日、わかった。再開発面積は100haを超え、総費用約1兆円を見込む巨大プロジェクト。関連施設を集中させることで、国内外の招致合戦に勝ち抜こうという狙いで、実現すれば、1964年の東京五輪以来の〝首都大改造〟となる。

構想によると、再開発の中心となる地域は、代々木公園（54ha）と、北側に接する国立オリンピック記念青少年総合センター（8・4ha）、南側の国立代々木競技場（9ha）を含む計71・4ha。さらに、約2㎞離れた国立霞ヶ丘競技場や神宮球場、東京体育館などが集まる神宮外苑（35ha）も対象となる。

代々木公園内には、開会式や陸上競技に用いるメインスタジアムを建設。国内最大級の約10万人収容のスタンドを整備し、「選手が歩いて行ける場所」に滞在施設（選手村）を作る。また公園内には水泳競技のプール新設も検討されている。
一方、神宮外苑では、58年建設の国立競技場を壊して、サッカーの主会場とする約7万人収容のスタジアムを建設。バレーボールなどの会場を想定する東京体育館も建て替え、神宮球場を「ドーム化」する案も出ている〉
読売の記事は、代々木公園内にメインスタジアムや水泳競技のプールを新設すると報じるなど、その後、現実となったプランとは大きく異なっている（2021年に開催された東京五輪では、メインスタジアムは神宮外苑の新国立競技場となり、水泳競技会場は臨海地区に新設した東京アクアティクスセンター）。一方で、神宮球場の「ドーム化」にまで触れているものの、肝心な情報がすっぽりと抜け落ちている。〝首都大改造〟構想の発案者と事業主体については一言も言及していないのだ。

石原慎太郎を五輪招致に動かした黒幕

実は、石原が五輪招致を正式表明する4日前の9月16日、日本体育協会（現・日本スポーツ協会）会長を務める森喜朗元総理が都庁の主を訪ね、協力関係を確認していた。会談後、森は早速、石原を援護射撃する。

「東京が意思を出していただけることはありがたい。これから協力して実現に努力しましょうということだ。《中略》国際社会にアピールするという意味から東京でしょう」

以降、日本の〝スポーツ界の首領〟と五輪招致に手を挙げた東京のトップは二人三脚で招致活動を進めていく。

だが、森が石原を訪問するのはこれが初めてではない。山口敏夫元労働大臣が森の画策を明かした。

「2020東京五輪は、森君が外苑再開発の利権を得るために招致した大会と、早い段階で気づきました。憤怒に駆られた私は、森批判を展開するだけのために2016年の都知事選に出たのです。

森君は五輪が開催される十数年前から、電通やゼネコンと外苑再開発を企んでいた。だが、神宮外苑一帯は風致地区に指定されており、建築物の高さ15mまでの制限をはじめ、都市計画公園などによって日本一厳しい建築制限が課されている。これでは新国立競技場の建設はもちろん、高層ビルを建てる再開発なんてできません。

そこで、森君は五輪を大義名分にこれらの建築制限を撤廃させるため、招致に動きだしたのです。2度目の東京五輪招致が持ち上がったのは、2005年に遡ります。この年の

5月には日本が2011年ラグビーW杯の招致に正式に立候補し、6月、日本ラグビー協会会長に就任した森君は、石原都知事に五輪の招致を働きかけるようになった。そして、9月に2人は2016年東京五輪の招致で一致を見たのです」

山口の証言を裏づける元都庁幹部職員もいる。

知事本局計画調整部部長や中央卸売市場次長、選挙管理委員会事務局長などを歴任した澤章は、森が石原知事を訪問したときの都庁内の空気をこう振り返った。

「2005年の夏前、都庁内に森元総理が訪問するという噂が流れ、何をしにくるのだろうと訝しんでいました。そして、実際に森さんは都庁にやってきました。会談では何を話したのだろうと思っていると、8月に突如として石原知事が東京に2回目の五輪を呼ぶと言い始めたのです。もちろん、都庁はそんな話を聞いていないし、まったくの寝耳に水……。何のために2回目の五輪をやるのか、都職員への説明はありませんでした」

当時、都庁で広報担当トップの任にあり、石原都知事のスピーチライターを務めていた澤は、石原が五輪招致を正式表明した所信表明の演説原稿も手掛けていた。

「演説原稿を書くときにも、なぜ2回目の五輪を東京でやるのか、説明もないままに『とにかく書け』と言われて何とか完成させました。都庁にすれば五輪をなぜやるのかわからないまま、次々と既成事実だけが積み上げられていった。明確な招致の理由もないまま『とにかくやろうぜ！』といった感じで五輪の招致に東京は突き進んでいったのです」

実際、その後、東京五輪の招致・開催を既成事実化するような動きが多く見られるようになる。国内で五輪開催地を争う東京のライバルの札幌は、２０１５年3月に市議会が招致を決議。福岡は、競技を九州各地で分散開催する「福岡・九州五輪」を提唱し、東京から2日遅れて9月22日に市長が市議会で立候補を正式表明していた。

石原が所信表明演説を行った9月16日、森は機先を制するように東京のライバル都市の開催能力を疑問視する言葉をメディアに言い放っている。

「福岡は九州全域でやろうとしていて難しい。北海道は冬季国体だって持て余している。今の力であれば、国際社会にアピールするのは東京だろう」

森は国内の立候補都市を選定するＪＯＣ理事を務めている。立場上、東京を優位とするような発言は厳に慎むべきだが、そんなことは意に介さず東京を後押しする発言がこの後も続くことになる。

石原も同月22日の定例記者会見で、再開発について「(１９６４年の）東京五輪で使った施設はみんな古い。すべての施設がリニューアルされることになる」と述べ、福岡が名乗りを上げたことに対しては、「九州・沖縄サミットも警備、治安面で問題があった。分散開催ではかなり無理だと思う。そういう意味で、東京は自信満々だ」と話した。

東京は2度目の五輪招致とはいえ、分散開催を提案する福岡や財政基盤の脆弱な札幌が、国内の開催地争いで劣勢なのは事実だろう。日本体育協会会長、JOC理事など日本のスポーツ界に大きな影響力を持つ森の発言とも相俟って、国内の招致レースは東京を本命視する空気が急速に醸成されていったのである。

2016年招致の失敗は想定内

2012年五輪の招致はパリ、ニューヨークなど欧米の首都や巨大都市が激突したハイレベルな戦いとなり、逆転でロンドンが勝利を収めた。ロンドン五輪に続く2016年大会は欧州の都市が続けて選ばれる可能性が低いため、米国と日本などの争いになると見られた。

だが、招致を検討しているとされた都市は、欧州からローマとミラノ（ともにイタリア）、そして2012年招致の雪辱を期すマドリード（スペイン）、アジアではニューデリー（インド）、バンコク（タイ）といずれも首都が並ぶ。米国ではニューヨークが再挑戦することが予想され、さらにシカゴ、ロサンゼルス、ワシントンなど財政基盤の強力な大都市も招致レースに加わると見込まれていた。

並み居る強豪都市の顔ぶれからか、国内選考については自信満々の石原も、国際競争に勝ち抜けるかどうかについては「２０１６年は無理じゃないかと、半々は感じている」と漏らし、当時72歳の石原は4歳年下の森と「ダメなら２０２０年で頑張ろう。それまで2人、生きているかな」と言い合ったと明かしていたのだ。


その後、東京五輪を巡って不可解な動きが続くことになる。

２００５年12月、石原は自ら「古く、あんなものでは（招致）資格にならない」と酷評していた国立競技場の改修を断念する。神宮外苑に立地する競技場を五輪メインスタジアムの国際基準である8万～10万人収容規模に建て直すと、周辺道路に人が溢れることが予想されたため、難色を示したのだ。東京都の２０１６年五輪招致報告書には「敷地面積、各種法規則の観点から検討したところ、霞ヶ丘地区でのオリンピックスタジアム建設は困難との結論に達した」との記述がある。

各種法規則とは、神宮外苑に課された日本一厳しいといわれる建築制限だ。日本初の風致地区である外苑地区には、繰り返し述べてきたように高さ15ｍの制限がかかり、当時はまだ都市計画公園だったので建築許可を取るのは極めて難しい。そこで、１９８０年代末から東京都が手掛けたものの失敗に終わり、塩漬けになっていたベイエリアの晴海に新スタジアムを建設することにした。ＩＯＣ（国際オリンピック委員会）に提出した計画書にも、晴海オリンピックスタジアムの建設が明記されている。

２００９年10月、コペンハーゲンで行われたＩＯＣ総会で、２０１６年五輪の開催地が南米初開催を訴えるリオデジャネイロに決まり、東京が落選するまでこの方針は変わらなかった。石原は２０２０年東京五輪への意欲を燃やし続けていたが、都知事３期目の２０１１年初頭には体力面の衰えなど健康問題を理由に側近に引退の意向を伝えていた。４期目となる都知事選への出馬をもっとも熱心に説得したのが、のちに五輪組織委会長となる森だったことは前に述べた。森自身がこう明かしている。

「（２０１１年）３月10日、都内のホテルの一室で石原さんと向き合い、五輪再挑戦を掲げての再出馬を夜通し訴えた。石原さんが出馬を正式表明したのが翌11日の都議会本会議。東日本大震災が発生したのは、その直後だった」

説得は功を奏し、森の思惑どおり石原は４選を果たす。こうして２０２０年五輪の招致活動が動きだす。石原が鬼籍に入った現在、３月10日に何が話し合われたかは森の一方的な証言に頼るほかないが、ＩＯＣ総会終了後、コペンハーゲン空港で筆者と交わした石原の言葉からも、２０２０年五輪の招致に意欲的だったのは間違いない。

問題は、石原の都政に対するモチベーションの低下と後継者問題だった。長男の石原伸晃衆議院議員、保守派論客の桜井よし子、橋下徹大阪府知事などに打診したが、いずれも固辞されてしまう。そもそも、２００６年12月、高級焼酎「森伊蔵」の木箱に仕込んだ２億２０００万円の札束が石原に渡されたとされる裏金疑惑が報じられてからというもの、東京地検の取り調べなどもあり、３期での都知事引退が既定路線だった。もともと石原に４選の予定などなかったのだ。だが、石原が都知事の座になければ東京五輪の行く末に黄色信号が点滅する。森が粘り強く出馬を促したのは、当然のことだった。

果たして、石原は２０１１年７月に２０２０年五輪の東京招致を正式表明する。

９月に五輪招致委が発足すると、理事長に竹田ＪＯＣ会長が就任。10月にはＪＳＣ（日本スポーツ振興センター）の理事長に河野一郎が就く。そして11月、五輪招致委の会長に石原、副会長に森が就任し、のちに連なる「五輪カルテル」の顔ぶれが揃っていった。

翌２０１２年２月、東京都がＩＯＣに提出した五輪招致申請ファイルには、メインスタジアムは国立競技場を８万人規模に建て替える改修案が盛り込まれた。２０１６年招致の際の晴海オリンピックスタジアムから神宮外苑の新国立競技場への大転換だったが、当時、外苑の建築制限はまだ解かれていない。都が、建築制限を緩和し再開発を可能とする都市計画を変更するのは2013年6月。つまり、8万人規模の新国立競技場の計画が浮上した後に、建築制限が緩和されたことになる。順番が逆なのだ。

電通「GAIENPROJECT」

神宮外苑の再開発では、神宮球場と秩父宮ラグビー場の敷地を入れ替えて新たに建設され、これに伴い三井不動産と伊藤忠商事の超高層ビルが建つ。これら一連の再開発は、新国立競技場の建設が前提となっていた。

外苑再開発の経緯を辿ると、いくつもの偶然が重なっていることがわかる。

神宮外苑の大地主である明治神宮が空中権の売買による再開発を目論み、神社本庁を離脱したとき、容積率移転による再開発スキームという「錬金術」の絵を描いたJEM・PFI共同機構の米田勝安代表理事と森は早稲田大学雄弁会から昵懇の間柄で、ちょうどこの頃、石原は明治神宮総代に就いていた。

2009年、2016年五輪の開催地がリオデジャネイロに決まると、東京五輪招致の機運は急速にしぼみ、2010年招致は困難な様相を呈していた。ところが、2010年にラグビーW杯2019成功議連が結成され、2011年には国立競技場の「8万人規模」への改修を求める。これに呼応するように東京都は2012年、神宮外苑に8万～10万人収容の新国立競技場を建設する方針に大転換した。

忘れてならないのは、このときラグビーW杯2019成功議連が「神宮外苑地区の都市計画の再整備」を求めていたことだ。国会ラグビークラブの主将を務め、のちに日本ラグビー協会会長に就任する森に対して、ラグビー界に意見できる人間はいない。ラグビー議連のこうした動きが森の意向を汲んだものなのは、議連のメンバーとして内情を知る松沢成文参議院議員によれば「周知の事実」だった。

2013年に東京五輪の開催が決定すると、外苑再開発の動きはさらに本格化する。2015年には東京都とJSC、明治神宮、三井不動産や伊藤忠商事など地権者が「神宮外苑地区まちづくりに係る基本覚書」を締結し、外苑再開発の推進エンジンの点火スイッチが入った。

このように五輪招致を起爆剤に、神宮外苑一帯を再開発するプランはおよそ20年も前に練られていたのである。

2004年6月、都内のスーパーゼネコンは電通から熱心なプレゼンテーションを受けていたという。パワーポイントで作成された厚さ3㎝ほどにもなる企画書のタイトルは「GAIEN PROJECT『21世紀の杜』企画提案書」。クレジットには「平成16年6月dentsu」と作成日と社名が記されている。

カネと労力を注いだことが窺われる内容から、これを作成したのは都市再開発のプロの手によるものであることが容易に想像できる。企画書には次のような文言が記されていた。

「『最近の再開発はビルは高いが志が低い』とお嘆きの諸兄に

東京のド真中から日本を変える 都市再開発のすすめ」

「新しきビジネスモデルの原型は、故き神社の縁起にあり。

新たな地縁を起こし、人々と末長い縁を結ぶ、

温故知新のコミュニティー事業の形成を」

驚くのは、この企画書が神宮外苑誕生100周年に合わせて、2026年五輪の誘致を掲げていることだ。そして、五輪招致が成功した暁には神宮球場をドーム化し、国立競技場や秩父宮ラグビー場も新たに建て直すという。

20年前、電通が作成した「GAIEN PROJECT」をなぞるように、神宮外苑の再開発は進められた。この企画提案書の作成を依頼したクライアントは不明としておこう。

ただ、外苑の大地主で神宮球場を所有する明治神宮、秩父宮ラグビー場を所有するＪＳＣとラグビー関係者、また、地価の高い都心の一等地でありながら風致地区に指定され、再開発がままならなかった神宮外苑の大改造が可能になった結果、東京都が享受するメリットは計り知れない。莫大な利権の匂いを嗅ぎつけて外苑再開発に群がった政治家も、もちろん芳醇な果実を味わっていることだろう。

そんな魑魅魍魎たち、「五輪カルテル」の狼藉の代償が、１００年の長きにわたって守られた神宮外苑の杜の伐採だとしたら、明治神宮を無私の心で造営した先人たちは何を想うだろうか。

エピローグ

２０２３年６月20日、フランス・パリ郊外、サンドニの７階建てビルにスーツ姿の険しい表情の男たちが次々と呑みこまれていく。エントランスには「ＰＡＲＩＳ２０２４」の文字と五輪のエンブレムが掲げられている。２０２４年夏に開催予定のパリ五輪組織委本部に捜査当局の家宅捜索が入った瞬間だった。

フランス検察当局は、パリ五輪組織委から入札や契約に関する書類の提出を受けている。疑われているのは、組織委の事業発注契約を巡る公金横領や便宜供与、違法利得。すなわち汚職である。

同日、組織委事務総長、事業部長の幹部２人の関係先と、パリ五輪のインフラ建設を手掛ける五輪施設建設公社「ＳＯＬＩＤＥＯ」本部を捜索。さらに翌21日には、スポーツイベントのコンサルティングやマーケティングを手掛ける代理店「ケネオ」へと五輪汚職の捜査は拡大している。

ケネオ社は、捜査対象となった組織委幹部2人によって共同設立された。高い公共性と公益性が求められる五輪組織委メンバーという「公人」でありながら、その立場を利用して自らの設立した代理店に大会の事業を発注した容疑がかかる。事実なら、それだけでも利益相反の誹りは免れない。

果たして、どこかで見た光景ではなかろうか。

パリ五輪組織委幹部の2人の振る舞いは、東京五輪組織理事の立場にありながら、自らのコンサルティング会社「コモンズ」と五輪スポンサー枠を希望する企業とのコンサル契約を結ばせた高橋治之にそのまま重なる。

それだけではない。ケネオ社の前身は高橋の古巣・電通である。パリが五輪開催地に決まる前年の2016年、電通の海外本社がケネオ社の株式100%を取得し、一時はグループ会社化していた。現在の経営主体が電通から株式を再取得するのは2021年のことだ。

フランスのニュースサイト「メディアパルト」によれば、パリ五輪決定前の2017年、ケネオ社はパリ五輪開催準備委からすでに200万ユーロ（約3億1000万円）の契約を請け負っていたという……。

2016年のリオデジャネイロ五輪では招致活動に絡む汚職で、ブラジルオリンピック委員会会長、リオデジャネイロ州知事らが逮捕・起訴され、実刑判決が下された。続く2021年の東京五輪が「五輪カルテル」によって喰い物にされたことは、本書に記したとおりだ。そして、2024年のパリ五輪についても捜査が進められている。仮に、フランスの事件が事実だとすれば、「スポーツの祭典」は3大会連続で汚職に塗れたことになる。五輪が巨額の利益をもたらすスポーツビジネスと化した今、汚職の温床となる構造は国や都市を選ばないのだ。

そうしたなか、関心を呼んでいるのが、2030年冬季五輪の開催を目指す札幌の招致活動の行方だ。東京五輪の汚職事件を受けて、IOC（国際オリンピック委員会）は、不正や疑念は「札幌側がすべてを解決する必要がある」との姿勢を見せていたが、招致への逆風は強く、2022年末、札幌とJOC（日本オリンピック委員会）は招致活動の一時休止を発表する。2023年4月の札幌市長選では招致推進派の現職が3選を果たしたものの、反対派に流れた票の多さに関係者は一様に顔を曇らせた。

一方、世界に目を向ければ、2026年冬期五輪招致に挑戦して敗れたストックホルム・オーレ（スウェーデン）が2023年2月、2030年大会招致の検討を始めたことを表明。その後、スイスも名乗りを上げている。IOCはこれまで札幌開催を既定路線としていたが、開催都市の選択肢が増えた状況を受けて姿勢を転じた。ＩＯＣは気候変動対策などを理由に２０３０年冬期五輪の開催地決定を延期しており、それが札幌にとっては猶予期間になっていたが、２０２４年と予想される開催地の決定までに市民の五輪招致支持の機運が高まる兆しは見えない……。ＪＯＣ内では２０３０年冬季五輪の招致見送りが議論され始めた。

札幌招致に暗雲が垂れ込めるなか、２０２３年7月４日の本書の校了間際、筆者ら取材チームがＪＳＣ（日本スポーツ振興センター）に情報公開を求めていた文書の開示決定通知が届いた（開示決定は6月29日付）。開示請求を出したのは２０２２年11月４日のこと。ＪＳＣは開示の可否を判断するのに、８か月も要したことになる。

開示請求したのは、神宮外苑地区市街地再開発事業に関する議事録、契約書に関連する文書の一切。当該文書は、実に１４５４枚に及んだ。ペーパーは黒く塗り潰された、いわゆる〝ノリ弁〟が約4割を占めている。このほかの文書もところどころ伏せ字になっており、一読して内容を判読できるものはごくわずかにとどまった。

だが、開示文書を精査していくと「五輪カルテル」の画策の痕跡が読み取れるいくつかの文書に突き当たった。ほんの一例を以下に引用する。

〈【検討状況に関する打合せ】

会議名　検討状況に関する打合せ
日時　２０１７年7月20日（木）14：30～16：10
場所　東京都第２本庁舎20階会議室
出席者　■東京都
[redacted]　東京都専門委員[redacted]
高野琢央　都市整備局都市づくり政策部まちづくり推進課長
[redacted]　都市整備局都市づくり土地利用計画課まちづくり推進担当
■ＪＳＣ
青山企画調整役、下村企画調整役、[redacted]

都：《略》都の計画も、建物を書くのではなく、ゾーニングレベルで考えている。

Ｊ：全体の事業構想を教えてもらいたいと思っている。容積の権利変換の部分等、ブラックボックスの部分が多い。

《略》

都：都は、都として街づくり指針をつくる。連携という言葉だと、どちらを見て仕事をしているのか、ということにもなるので言いぶりの工夫をしたい。

《略》

Ｊ：《略》そういった会議の場で、都も同席した中で、再整備構想図とスケジュールを出して、都もちゃんと知っているという風にしておきたいが。〉

この遣り取りからは、外苑再開発を主導しているのは秩父宮ラグビー場を所有するＪＳＣではなく、東京都であることが窺える。そして、この事実を隠そうという両者の思惑は一致している。さらに、ラクビー場の建て替えを発注し、いわば施主であるＪＳＣが莫大なカネを生み出す錬金術である「容積の権利変換」＝ラグビー場の空中権移転についても都や三井不動産に丸投げしていることがわかる。

〈【三井不動産との打合せ（外苑まちづくり協議関係）】

会議名　三井不動産との打合せ（外苑まちづくり協議関係）

日時　２０１７年7月25日（火）14：30〜15：20

場所　ラグビー場　オープンルーム３

出席者　■三井不動産

（註・４名が出席。氏名、肩書ともすべてスミベタ）

■ＪＳＣ

青山企画調整役、下村企画調整役、米山室長、[redacted]

《略》

J：[redacted]の案の意図としては、[redacted]にはデベロッパーとしてではなく、あくまでも権利者の1人として作業をしていただくというたてつけにしたい。〉

この文書で伏せ字になっている「デベロッパーとしてではなく、あくまでも権利者の1人」として作業をしてほしいのは誰なのか。膨大な量の開示文書に登場するデベロッパーは、三井不動産と鹿島建設の2社のみだ。

2022年8月22日、新秩父宮ラグビー場の整備・運営事業者が、鹿島を代表者とするグループ「Scrum for 新秩父宮」に決定した。同グループの構成企業には三井不動産、東京建物、東京ドーム、協力企業には読売新聞、日本テレビ、エイベックス・エンタテインメント、ソフトバンクなどが名を連ねる。公共施設の整備・運営を民間に委ねるPFI方式が国の施設として初めて採用され、入札には同グループのほか、楽天を代表に清水建設、TBSなどが加わるグループ、三菱地所を代表に大成建設、NTTなどのグループの3者が応札した。

驚くべきはその入札額だ。三菱地所のグループが約357億円、楽天のグループが225億円だったのに対して、三井不動産の入札額は81億円と圧倒的に安価だったのだ。入札額は、「新秩父宮ラグビー場の施設整備費」＋「(併設される）スポーツ博物館の維持管理費」－「運営権対価」で弾き出される。「運営権対価」とは、30年の維持管理期間で得られる収入を意味する。三井不動産のグループはこれを411億円と見積もったため、入札額を最低条件の100億円を遥かに下回るほど圧縮することができたのだ。

その結果、何が起きたか。実は、JSCはラグビー場の空中権の売却によって200億円ほどの資金を調達し、事業費の一部に充てるつもりだった。ところが、三井不動産グループの格段に安い入札によりその必要がなくなり、〝利益〟をもたらした格好になる。

「すばらしいよ。あと15年は長生きしないとね」

2012年の都庁幹部との密議で〝スポーツ界の首領〟・森喜朗が喜んだ神宮外苑再開発は「五輪カルテル」の面々にさまざまな利益をもたらし、彼らが描いた青写真は着々と現実のものになろうとしている……。

本書は『週刊SPA!』2022年10月25日号〜2023年2月7日号に掲載された上杉隆短期集中連載「五輪汚職『森ルート』を暴く!」(全11回)を大幅に加筆・修正し、単行本化に伴って再構成したものです。

【参考文献】

上杉隆『悪いのは誰だ！ 新国立競技場』(扶桑社新書)

西崎伸彦「高橋治之・治則『バブル兄弟』の虚栄」=『文藝春秋』2020年10月号(文藝春秋)

田崎健太『電通とFIFA ～サッカーに群がる男たち～』(光文社)

伊藤博敏「検察・新特捜部長がいきなり直面する『甲斐の壁』『黒川の壁』エースは立ち向かえるのか」=現代ビジネス 2017年8月31日(講談社)(https://gendai.media/articles/-/52739)

猪瀬直樹『東京の敵』(角川新書)

「辞任必至『竹田恒和』の正体」=『月刊FACTA』2019年3月号(ファクタ出版)

「オリンピックビジネスをつかんだ男 服部庸一」=ウェブ電通報(https://dentsu-ho.com/)

森喜朗『遺書 東京五輪への覚悟』(幻冬舎)

森喜朗『私の履歴書 森喜朗回顧録』(日本経済新聞出版社)

森喜朗『あなたに教えられ走り続けます』(北國新聞社)

田中幾太郎『慶應三田会の人脈と実力』(宝島社新書)

島田裕巳『慶應三田会』(アスキー新書)

「角川の競合を排除『私は絶対認めない』森喜朗『天の声』音声」
=『週刊文春』2022年9月15日号(文藝春秋)

元木昌彦「週刊誌からみた『ニッポンの後退』五輪汚職事件でKADOKAWA会長も逮捕…
それでも森喜朗は逃げ切れるのか」=日刊ゲンダイDIGITAL 2022年9月18日(日刊現代)
(https://www.nikkan-gendai.com/articles/view/sports/311572/2)

「『サメの脳ミソ』と『ノミの心臓』を持つ 森喜朗〝総理失格〟の人間の証明」
=『噂の真相』2000年6月号

田中幾太郎「女性会員容認でも五輪ゴルフ前途多難 慶應一派の跋扈で霞ヶ関CCに不協和音」
=『ZAITEN』2017年5月号

西崎伸彦「森喜朗が脅された夜」=『週刊新潮』2020年2月20日号(新潮社)

「極秘『決算報告書』入手!『森喜朗』が代表理事『嘉納治五郎財団』の五輪買収『5億円』疑惑」
=デイリー新潮 2020年2月17日(https://www.dailyshincho.jp/article/2020/02171700/)

「神宮外苑再開発のウラ 都心開発、最後のフロンティア」
=『週刊ダイヤモンド』2022年7月2日号(ダイヤモンド社)

「明治神宮『収入150億円』神社界の『不動産王』」=『AERA』2010年2月8日号(朝日新聞出版)

「三井不動産が福徳神社を蘇生 企業と神社との親密な関係」
=『週刊ダイヤモンド』2016年4月16日号(ダイヤモンド社)

「総力特集 電通 利権と圧力編」=『週刊エコノミスト』2016年8月23日号(毎日新聞出版)

「明治神宮が神社本庁離脱直後浮上した「外苑再開発計画 推定1兆円以上」
=『週刊金曜日』2005年3月18日号(金曜日)

『月刊日本』2005年8月号(K&Kプレス)

澤章『ハダカの東京都庁』(文藝春秋)

五輪カルテル

上杉 隆 Uesugi Takashi

1968年、東京都出身。ジャーナリスト、作家、僧侶、株式会社NO BORDER代表取締役、日本ゴルフ改革会議事務局長。都留文科大学卒業後、NHK報道局、衆議院議員公設秘書、ニューヨーク・タイムズ東京支局取材記者などを経てフリーのジャーナリストに。2002年、「編集者が選ぶ雑誌ジャーナリズム賞」企画賞受賞。2011年、公益社団法人自由報道協会を創設。その後、日本初のインターネットによる報道番組「ニューズ・オプエド」を主宰。プロデューサーとアンカーマンを務め30万人の支持を受けるメディアに育て上げる。2016年には東京都知事選挙に立候補し、第4位の17万9631票を獲得。『石原慎太郎5人の参謀』(小学館)、『小泉の勝利 メディアの敗北』(草思社)、『官邸崩壊 安倍政権迷走の一年』(新潮社)、『ジャーナリズム崩壊』(幻冬舎新書)など著書多数

発行日　2023年8月4日　初版第1刷発行

著者　上杉 隆

発行者　小池英彦
発行所　株式会社 扶桑社
〒105-8070
東京都港区芝浦1-1-1 浜松町ビルディング
電話　03-6368-8875(編集)
03-6368-8891(郵便室)
www.fusosha.co.jp

ブックデザイン
DTP製作　小田光美(OFFICE MAPLE)
印刷・製本　タイヘイ株式会社印刷事業部

ISBN 978-4-594-09458-4